广东省中小学新一轮"百千万人才培养工程"系列丛书

器知技，技立器，器养道：
技、器、道三位一体语文教学

刘水连 著

广东高等教育出版社
Guangdong Higher Education Press

·广州·

图书在版编目（CIP）数据

器知技，技立器，器养道：技、器、道三位一体语文教学/刘水连著. —广州：广东高等教育出版社，2018.11
（广东省中小学新一轮"百千万人才培养工程"系列丛书）
ISBN 978-7-5361-6290-7

Ⅰ. ①器… Ⅱ. ①刘… Ⅲ. ①中学语文课-教学研究 Ⅳ. ①G633.302

中国版本图书馆 CIP 数据核字（2018）第 216568 号

出版发行	广东高等教育出版社
	地　址：广州市天河区林和西横路
	邮政编码：510500　电　话：（020）87553335
	http：//www.gdgjs.com.cn
印　　刷	广州市穗彩印务有限公司
开　　本	787 毫米×1 092 毫米　1/16
印　　张	11.75
字　　数	224 千
版　　次	2018 年 11 月第 1 版
印　　次	2018 年 11 月第 1 次印刷
定　　价	36.00 元

万物皆有道，遵道识斯真

有人说，语文就是语文，不等于品德，不等于伦理，不等于美育，不等于逻辑。换个角度说，语文的性质不能是工具性和人文性的简单相加。

有人说，语文，是励志、交锋，感悟、体验，畅谈、浅吟；是抑扬顿挫、回肠荡气、余音绕梁……

有人说，抓住了语言，就抓住了语文教学的根本；抓住了读，就抓住了语文教学的要领。

有人说，不论别人怎么批评我用词不准确，我都坚持这样一种认识，即语文是一门行为科学，语文教师的天职就是播种行为，让学生心、口、手、眼多动，在多动中养成习惯，在习惯中收获成就。

还有人说，语文教学是枝繁叶茂的参天大树。它植根于民族语言文化的丰田沃野，以学生语文知识、能力、习惯的长足发展为巨大树冠。语文教师要让每个学生拥抱这棵参天大树。

怎么上好一节语文课？如何当好一名语文教师？

答案肯定是丰富多彩的。可以从朗读入手，可以从美育入手，可以从写作入手，还可以从文化入手……

从教二十余年来，从游弋于教学参考、名家设计之间到流连于时尚，从徘徊于工具性与人文性之间到执着于三维目标，从徜徉于洋思、杜郎口之间到探讨"二七一"，从彷徨于应试教育、素质教育之间到追求核心素养、关键能力，从挣扎在自主、合作、探究之间到尝试建设学生成长共同体。上课的时候，自信力少了，被他信力所左右了。

有幸参加了广东省中小学新一轮"百千万人才培养工程"第二批"高中文科类名教师"培养项目培训，学习了专家、学者对教学思想的研究，聆听了他们在教学实践中的反思与回顾，更得到了项目组对学员进行教学思想凝练的针对性教育与催产，本人不揣谫陋，以为，天地万物皆有道（此为规律之意），遵道识斯真。语文最大的"道"便是工具性与人文性的一体，而这一体的载体则是字、词、句、段、篇等。字、词、句、段、篇等，我称之为"器"；而对应的造字法、构词法、组句法、修辞法、成段法、谋篇法等，我称之为"技"，这也是语文之所以能成为工具的关键所在；字、词、句、段、篇等所内蕴的意义、思想、感情、文化精神、民族心理等，我称之为"道"，这也是语文之所以具有人文性的关键所在。如此，语文教师就可以通过分析"器"而得"技"明"道"，又可以通过"技"来立"器"蕴"道"、育"道"。这对于注重抽象思维、爱好表达而又具备一定的逻辑分析能力的高中生来说，具有实施的可行性，也可增强其学习兴趣，还有利于培养其能力。

本书从技、器、道三位一体语文教学说起，包括字、词、句、修辞教学，古诗文阅读教学，小说、散文阅读教学，实用类文本阅读教学，作文教学，优秀传统文化教学和段落教学等共7章。

本书适合将要或正在从事中学语文教学人员阅读和使用。

刘水连
2018年3月

目 录

◎第一章　技、器、道三位一体语文教学 …………………………… 1
　　第一节　我的语文教学历程与反思 ………………………………… 1
　　第二节　技、器、道概念辩证 ……………………………………… 5
　　第三节　技、器、道三位一体语文教学 …………………………… 7

◎第二章　技、器、道三位一体字、词、句、修辞教学 …………… 17
　　第一节　高中汉字教学 ……………………………………………… 18
　　第二节　高中词语教学 ……………………………………………… 23
　　第三节　高中句子教学 ……………………………………………… 38
　　第四节　高中修辞教学 ……………………………………………… 52

◎第三章　技、器、道三位一体古诗文阅读教学 …………………… 63
　　第一节　高中文言文教学 …………………………………………… 63
　　第二节　高中古诗词教学 …………………………………………… 74

◎第四章　技、器、道三位一体小说、散文阅读教学 ……………… 82
　　第一节　高中小说阅读教学 ………………………………………… 82
　　第二节　高中散文教学 ……………………………………………… 94

◎第五章　技、器、道三位一体实用类文本阅读教学 ……………… 101
　　第一节　高中传记阅读教学 ………………………………………… 101
　　第二节　高中新闻阅读教学 ………………………………………… 107
　　第三节　高中论述文阅读教学 ……………………………………… 115

◎ 第六章　技、器、道三位一体作文教学 …………………… 122

  第一节　高中记叙文写作教学 …………………………… 122

  第二节　高中议论文写作教学 …………………………… 130

◎ 第七章　技、器、道三位一体优秀传统文化教学和段落教学 …… 153

  第一节　高中语文渗透中华优秀传统文化教育 ………… 153

  第二节　高中语文段落教学 ……………………………… 162

◎ 附录 …………………………………………………………… 164

  附录一　《鸿门宴》教学设计 …………………………… 164

  附录二　《山中与裴秀才迪书》教学设计 ……………… 170

  附录三　《拿来主义》教学设计 ………………………… 176

◎ 后记 …………………………………………………………… 180

第一章
技、器、道三位一体语文教学

技、器、道三位一体语文教学中的"道"主要是指表达的思想情感、见解、理由，要达到的目的，以及读出了什么或表达出了什么，即作者的个性、习惯、思想、意识、境界、修养等；"器"主要指使用何种语言形式以及何种文体，即用什么表达；"技"主要是指怎样表达的。

技、器、道三位一体语文教学的灵魂是自由和解放。要正确处理语文学科的工具性与人文性之关系，正确处理应试能力的培养与语文素养的提升之关系。教学中要以"道"为纲，以"器"为目，以"技"为依；以一纲统领三目，做到"器"以识"技"，"器"以练"技"，"器"以创"技"；"器"以明"道"，"器"以识"道"，"器"以得"道"。

实践中可以"情"为纽带，实施情感教学；以"技"为支点，借助语言文字（"器"）实施德、智、美诸育（"道"所在）统一的大语文教育；可以基于学生生活和学生差异发展理念开展教材（必修）与记叙文作文教学整合教学；可以进行自主合作探究式文段练笔。

第一节 我的语文教学历程与反思

教学无止境。不完美的教学经历恰是可贵的教学财富，人生路上，人在行走中成熟；教学生涯里，教师在经历中成长。

我的语文教学历程始于大学毕业前的实习。当时，我在江西省某重点中学任高二语文教师，带我的是一位当地有名气的语文特级教师，他教两个班语文。我报到后的第二天就上了一节课，这一节课得到师父的高度评价，因而，接下来，他要我连续上了好几节，并且在听完后，放心地将这个班级（文科重点班）的语文课全交由我上了，他自己则只上另一班的课。实习过

后，他说如果该校需要语文教师，就一定要我留下来，他说我是他带过的教学最好的实习教师，完全可以胜任该校高中语文教学。

一、第一阶段：第1~6年（共6年）

毕业后，我到了一间国有企业所办的中学任教，同样，教的是高中语文。从高一到高三完成了一轮小循环教学，而后留在高三一年，再回到高二教到高三，一共6年。

回顾这6年的语文教学，除高三教学外，在高一、高二课文教学中，我致力于"读懂"，展开讲读式教学。因为在实习时没有教学参考书（以下简称"教参"），而入职后自己对课文的解读又不时与教参有不一致的地方，更重要的是，发现有时依赖教参而没有本人对课文解读的情形下展开的教学活动会出现凝滞状态，很不流畅，学生听起来也费劲，甚至迷茫，于是，我很多时候是自己多读、反复读文本，在读的过程中，碰到的难点、疑点便自然成了教学内容或切入点。另外，总有一种观念，那就是学生不会做阅读题，根本的问题在于读不懂，而叶圣陶先生又说："作者思有路，遵路识斯真。"因而，解读文本的思路，弄清楚段间、句间、文本内容与情感或主旨间、标题与文本间等关系就成了我课文教学的常规和主体；而至于其他的方面，如词、句、技法等的赏析则零星而又零散，常是依文、依题而教，同样，相应的训练也就只是依赖于所订的练习册，能遇则遇，不遇则罢。可以说，当时本人的语文教学呈现如下特点：一是教学内容上，严重偏向理解、分析，较轻视赏析、评价；二是教学处理上，以教定学，以教代学，对学情重视不够；三是学生训练上，缺乏系统，对语文积累不重视，对学生零碎的练习也不太关注，有布置、检查，但没有指导，更没有课堂上的充分训练；四是存在较高的教师表现、表演成分，课堂控制过度，总是对学生能力不放心而又忽视了对学生学习能力的科学训练。

不过，这一阶段的教学对理解、分析的重点教授也得到了认可，可能有时能帮助学生解惑，能引导学生读懂课文，其中的教师拓展性讲授也有助于开阔学生视野，而关注文章思路的教学自然也对学生的思维能力培养会有一定作用。记得当时，在某个省重点中学上的一课，倒给听课学生留下了较深刻的印象，三年后偶遇当时在场的某生，他居然还能认出我来，并说对我那一课印象很深。我在那一阶段的第三年参加学校的常规教学比赛中获得第一名；第四年在整个企业中小学、技校、职工大学等6所学校青年教师参加的教学比赛中获得"青工比武"第一名，并由此还获得市"青年岗位能手"的光荣称号。

二、第二阶段：第7～14年（共8年）

在这一阶段，我换了一所学校，到了省重点中学，任教高三语文7年、高二语文1年，也就是说绝大部分时间是在高考备考教学中。也许有人会说，在高三，尤其是长期在高三，或者在高三待久了，都不会教书了。从如何更好地进行课文教学的角度来说，这种说法是有一定道理的。毕竟，高三教学直奔备考、分数，高三学生功利很多、实际很多，拼了命地刷题；教师也不停歇地讲考点、讲题目、拼习题、凑考卷、改试卷，基本无暇顾及什么教学方法、模式、过程，什么情感态度价值观。

不过，这种经历也有好处，它能让你反思高一、高二语文教学缺了什么，要做些什么，甚至是该怎么做。比如，要补充语法知识的教学，要加强文言积累尤其是实词的积累，要教会学生真正读懂古诗，要拓展现代文阅读，要增强语言感悟力的培养和表达能力的训练。而这些工作中的语法知识教学和现代文课外阅读应该是很多教师没有做或是做得不够的，或者说是做得不好的。比如，对古诗教学而言，我们只是一首首地讲解、赏析，不注重、更不讲究比较或同类练习；此外，一首首地进行教学必然会带给学生一首首认知，这认知还不一定深刻、到位，况且也容易消散，学生无法巩固所学，迁移也就无从谈起。比如，文言文教学重串讲，强调死记硬背，一不从造字法角度深入，不研究字义之间的关系；二不拓展课外文言文阅读；三没有注意文言文学习的连续性，遇到则学，教材没有安排则罢。又比如，现代文教学基本是讲解课文、分析词句、传授技法，学生只以听为主，没有练，或者练得不够，要么练习册中的题目成了课堂教学中讲授的内容，要么对这类练习基本不要求去做，要么任由学生抄答案，学生基本是无所得或所得甚少、甚浅，听而后忘，忘而后无。当然更不用说学而后用了，要说有用也是学生偶尔为之。另外，对学生的课外阅读放任自流，或只强调而不检查，或有检查而无指导，或只有指导而无其他具体教学行为，或只奔作文材料积累与整理来要求，至于将课外阅读与课文教学进行结合、拓展或迁移的教学行为真的很少。

在这一阶段，我很荣幸地做了备课组长、科组长，也尽心尽责地做了。听课、集体备课、专题教研、试题命制把关等一系列工作也带给我一些借鉴：我们在关注教与学的方式的同时，更要重点关注学生是否真正参与其中。我们在讲究课堂气氛时，不能只要表面的热闹，更要注重学生是否真正投入。我们在知识与能力教学中，不能只在意是否讲清楚了，学生是否点了头，更应强调学生能自己书面表达出来。我们在听取学生回答问题的时候，

不能只听个大概,只关注关键词,而应注重其表达的简明、扼要、连贯、准确,甚至应该更多地进行书面回答训练。我们的教学在分板块的同时,不能为了板块而板块,而必须根据教学的特点和规律确定"块"的量和序,并明确"块"与"块"之间的逻辑联系;不能只看分了几块,要看有效教学时间,即在教与学活动过程中学生学习知识、习得技能、形成能力和提高认识真正起作用的时间,要看课堂教学是否真正把着力点放在能力训练上。

三、第三阶段:第15~20年(共6年)

再接下来的6年可以算是我语文教学历程的第三个阶段。

在这一阶段里,我完成两轮高中小循环教学。在这两轮中,我尽量把前两阶段的反思或思考融入自己的语文教学中,做了不少的尝试。比如,让学生课堂阅读并做批注,进行小组合作教学,推动"预学、讨论、展示、检测、点拨"五环节教学模式,开展基于学生生活和学生差异发展理念的普通高中语文粤教版教材(必修)与记叙文教学整合行动研究,开展"自主合作探究式文段练笔及互批对语文(写作)成绩的影响实验研究",进行小教师授课制,放慢课堂教学,追求教学有效时长,强化课堂书面训练,打破古诗文与现代文教学相间隔的壁垒,在进行古诗文教学时补充现代文阅读篇目或训练,在进行现代文阅读教学时补充古诗文朗读、自学与训练,引进群文阅读教学理念,适当帮助学生进行迁移,注意调动学生生活进行阅读教学与写作训练之间的整合等。

6年所做的不少,带来的困惑也不少。一是怎么保证学生语文学习时间的投入;二是如何保证学生训练的质量;三是语文教学要做的事实在太多,这些该如何分配与协调;四是如何克服语文教材按单元主题编排课文而忽视了体裁,进而割裂了语文知识、能力体系,以及高一、高二教学按课文展开而高三教学则按考点、知识点进行的矛盾所带来的弊端;五是如何消除高考识记考查点或与此相关的其他考查点的范围不确定(除名句名篇默写外)且不一定与课文有关所带的负面影响。

四、第四阶段:第21年起

这一阶段除了承继上一阶段的不断尝试外,主要是寻找与凝练。在这一阶段,我任主持人的广东省中小学名班主任工作室已经处于第二周期建设,我致力于形成自己的班级管理教育模式,力图在此基础上引领工作室成员在教育观念、教育行为、教学策略、操作方式上都能形成自己的风格与特色。

在这一阶段，我成了广东省中小学新一轮"百千万人才培养工程"第二批"高中文科名教师"培养对象。在接受培训的过程中，我接到了凝练教学思想的任务，也正是这任务促使我反思并总结自己的教学历程，思考自己的语文教学实践、在语文教学中的优势和当下高中语文教学的现状、存在的问题与解决之道，也算有了自己的对高中语文教学活动的理解与认识，这就是技、器、道三位一体语文教学。

教学是遗憾的艺术，而遗憾正是我们不断前行的动力。就教学生涯而言，我们永远在路上，永远在朝真理不断前进的路上，而我们要做的就是不抛弃、不放弃、要珍惜，永葆攀登的激情，永存奋斗不息的斗志。

第二节 技、器、道概念辩证

一、"道""器"范畴的内涵及其关系

"道"本义为路，人行之道为路。《说文解字》云："道，所行道也。从辵从首。一达谓之道。"具有一定方向的路叫作道。后来引申为做事的途径、方法、本源、本体、规律、原理、境界、终极真理和原则等。

"器"本义为器、皿，是人类从事生产、生活所盛装物品的载体。经过年深日久的概念演化，"器"逐渐地被提升到本体论的高度而精细化了。《系辞上传》云："见乃谓之象，形乃谓之器。"孔氏《正义》又云："体质成器，是谓器物。""形乃谓之器"与"形而下者谓之器"，其意义大致相同。

随着学术研究和探讨的深入发展，"道""器"逐渐演变为中国哲学的重要范畴，"道""器"范畴的内涵也日益变得丰富起来。在中国哲学思维范式里，"道"与"器"指事物的规律与事物，指本质与现象，指本体与表现，指伦理道德与社会关系等。

"道"与"器"作为中国古代哲学史上一对重要的范畴，最早见于《易·系辞传》。《易·系辞传》曰："形而上者谓之道，形而下者谓之器。"《周易》中道、象、器三分，并认为，无形之道生有形之象，而运用摹写有形之象而获得的符号体系即制造出器。

在"道"和"器"两者的关系上，有以下几种看法，一是先后论。如老庄认为"道生一，一生二，二生三，三生万物"（《老子·四十二章》），这是于"器"先求"道"；唐朝孔颖达的《周易正义》云："道是无体之名，

形是有质之称。凡有从无而生，形由道而立。是先道而后形……"他认为"道"与"器"的关系是以无为基础的，以先后论道器。意即"道"与"器"的关系是以无为基础的。二是依存论。朱熹说"器亦道，道亦器""道未尝离乎器"，认为道不离器；王夫之说形而上之道与形而下之器，"无非一阴一阳之和而成，尽器则道在其中矣"，形而上之道离不开形而下之器，道不能离器而独存，并鲜明地提出了"天下惟器而已矣。道者器之道，器者不可谓之道之器也"的重要命题。三是冶显论。王夫之认为，道的显现必须通过人"治器"、践行活动而实现，所谓"自其治而言之，而上之名立焉"。"治器"、践行、事为都是作为人的生存的动态历史过程，故而"道"也是一个动态变化的过程。

总而言之，道器关系可以表述为：道器两相须，道外无器，器不离道，道在器中。器者，道之所依，天下惟器；器者，天下之正道，治器显道。

二、"器"与"技"的关系

"技"是指技术、技巧。"器"本义为器、皿。任何"器"，不管是木的、铁的、瓷的，还是钢的、土的，在制作的时候都会用到"技"。无"技"不成器，无"器"不要"技"，一"器"有多"技"，多器可同一"技"或几"技"，不同的"器"会有不同的"技"，或会有相同的"技"；"技"好则"器"佳，"技"孬则"器"差；"器"失而"技"在，"技"在可成"器"；"器"中显"技"，理"器"可得"技"，得"技"可成"器"。

三、"技""器""道"的关系

"道"是"器"里承载的意图、思想、道理等，是铸"器"者主观要表达的东西；"器"是客观呈现出来的物，是在"道"的指引下，通过"技"创造出来的东西；"技"是铸"器"的技巧、技术。"技"成"器"，"器"蕴"道"；"道"生"器"，"器"载"道"；"技"得"器"，"器"依"技"；治"器"得"道"，理"器"知"技"，得"技"成"器"，"器"在"道"蕴。

第三节 技、器、道三位一体语文教学

经搜索，涉及语文教学的"三位一体"主要有以下说法：学校、语文课堂、家庭三位一体，语文知识与能力、文化知识与审美、职业素养培育三位一体，现代文阅读、文言文阅读和作文三位一体，基础性学习、拓展性学习、研究性学习三位一体，识字、阅读、写作三位一体，口语、阅读、写作三位一体，课本内容、生活体验、写作实践三位一体，目标、效能、创新三位一体，课标、教材、教学三位一体，读、说、写三位一体。

经搜索，涉及语文教学的"四位一体"主要有以下说法："情·知·理·活"四位一体动态生成审美式语文教学模式，作者、编者、学生、教师四位一体，自学、讨论、答辩、考查四位一体教学法，听、说、读、写四位一体，指导、习作、评议、修改四位一体作文训练，文言、文章、文学、文化四位一体文言教学。

笔者，提出技、器、道三位一体语文教学。

一、什么是技、器、道三位一体语文教学

在语文中，要表达的思想情感、见解、理由以及要达到的目的，是用不同的表达形式以及不同的文体来表现的。不同的作者为什么会选择这种表现形式和文体而不选择其他的表现形式和文体，这和作者的个性、习惯、思想、意识、境界、修养等有关。我们可以把这个完整的过程分为四个部分：第一部分是要表达的思想、情感、见解、理由以及要达到的目的，这些是本质的，属于"道"。这部分教师可以讲解，但更重要的是需要学生的生活体验，需要学生积极地分析、思考与参与。第二部分是使用何种语言形式以及何种文体，即表达的形式以及表达的文体，这部分是可变的、灵活的，包括字、词、句、修辞、文体等，属于"器"的部分，是需要教师直接进行讲解和教学，学生进行大量的训练来完成的。第三部分是怎样表达，这部分是沟通第一部分和第二部分之间关系的中介或桥梁，包括造字法、构词法、句式、修辞、表达技巧等，属于"技"的部分，是从"器"中来，又能因以成"器"的。第四部分是读出了什么或表达出了什么，即作者的个性、习惯、思维、思想境界、素质修养等，是另一种意义上的"道"。这部分是教师难以进行直接教学的，也是传统语文教学的薄弱和不足之处，更是教学中

的难题。这部分的教学，要把学生当作一个独立的主体，让他们进行积极地分析、思考、体验、参与，而且课后要阅读大量的作品，在经历了素材的收集、学习、认同、吸收、转化的过程后，才有可能得到升华和提高，最后形成自己的个性、习惯、思维，达到一定的思想境界，完成个人的素质修养，并用恰当的"技"，通过合适的"器"表达出来。

从教与学的关系上看，语文教师要让学生注意到语言文字之上的精神层面的、情感层面的、人性的、规律性的东西，也即是"道"，这样，才能带领学生在浩瀚的作品、众多的表达形式、不同的文体之中，做到以"道"御术（教法）。这样，教师就达到了"'讲'是为了用不着'讲'，'教'是为了用不着'教'"的教学境界。学生就可以做到举一反三，发挥自己的主观能动性，进行积极的分析、思考、体验，然后悟"道"、得"道"，进而升华和提高，最后形成自己的个性、习惯、思维，达到一定的思想境界，提高个人的素质修养。

从处理教材上看，"道"是文章的思想灵魂，是义理；"器"是文章本身；"技"则是文章的表现形式、表达技巧，是辞章，是手法。从这个意义上说，所谓"技"才是语文教学的核心，熟悉并掌握这个"技"是语文教学的第一任务。《义务教育语文课程标准（2011年版）》对这一点做了明确的规定。文章的思想灵魂之"道"在别的学科同样可以体现，而且在别的学科里才可能是第一教学目标，如政治、历史学科。当前语文教学界有一股强大的力量，借着《普通高中语文课程标准（实验）》对语文性质的界定，打着"人文性"的旗帜，把语文上成了哲学课、历史课、文化学课，把语文教学引向了"文以载道"的老路，引向了"非语文"。从这个层面来说，"技"忽视不得。

从"道"和实体形式的关系看，"道"就是教材反映的系统化的语文规律、语文价值，"器"就是不同体裁下的文章形态、语言形式，而"技"则是逻辑脉络、艺术手法等。这样的"道""器""技"关系才是符合语文教育规律的关系。王荣生先生有关"定篇""例文""样本""用件"的研究，我们可用来分析单元教材编写，用来揭示单元总要求下各篇课文分别承担的不同读写教学价值。这里的"道"就是单元要让学生掌握的语文读写能力；"器"既指单元中的每篇课文，也指每篇课文体现的不同形式；"技"则是指每篇课文的表现手法、技巧。这样的研究就不会只停留在简单的哲学概念上，也能将教学实践引向更加专业的方向。

从"道"和实体的对应关系看，"道"就是通过教材编写来实现的课程标准里的情感态度价值观，"器"就是围绕情感态度价值观编写的教材，"技"则是指教材内蕴的结构、逻辑、表达技巧。目前教材一般是一个单元有一个思想主题，围绕这一主题来编入不同体裁的作品，最终形成若干个同一题材不同体裁的单元。这种"道""器"关系是深受《普通高中语文课程标准（实验）》影响的结果，是现行语文教材单元编写的通例。这一编写意在改变当时语文教学过分知识化和技术化的倾向，但是这种主题化单元分类违反了语文知识教学规律，是漠视事物本质属性的分类。这好比给器皿分类，没有按餐具、饮（酒）具、储具、饰具等使用功能进行分类，而是按照低档、普通、高档、豪华等非本质功能来分类。这种按主题单元分类的教材打乱了语文知识体系，导致了语文知识教学碎片化、无序化，已给中学语文教学造成无法想象的负面影响。为改变"技"而大大改变了"器"，就如"技"惹了祸，却把板子打在了"器"的屁股上。由此看来，不可将"技""器"混为一谈。

二、何以提出这一思想

一是教学中常见文而无视其余。教材无理论指导有目共睹，课堂在高一、高二是一篇篇文章、一道道题；在高三则是一个个知识点、一篇篇阅读、一道道题。可以说，高一、高二基本没有"道"与"器"，或者说，完全掩盖了"道"与"器"，而在仅有的"器"与"技"中，两者也是割裂的；而高三虽有"器"，可"道"不彰，需要教师在零碎的"器"中去提示，而"器"也是常作为常识存在，没有与"道"高度结合。

二是教学中只见应试而不见用。在语文训练中，学生成了做题机器，不断地刷题，而忽视了语文的审美性，削弱了语文的情感性，无视语文和语文教学是一门科学也是一门艺术的特性。

三是教学中道的偏离与偏颇。一般的语文教学可以看到理论的点点滴滴，当然，也不需要全面系统的理论；课堂有概念的灌输和理性的说教，但没有了或缺少与学生的心灵对话；有"目标的明确化，过程的模式化，训练的序列化，评估的标准化"，有纯理性的、符合逻辑的语文知识链，而没有以人的发展为本，没有以语言素质的养成和语文能力的培养发展为中心，没有以对语言的审美感知力、理解力和创造力的培养为线索。

四是存在对文章"器"的功能发掘的功利性。教学中以文为例本身是对的，但在高考指挥棒下，变成一道道应试题，而更多的题仅是文字游戏。学生在文的学习中缺乏生动有趣的语文实践活动、审美愉悦体验，未能做到能动地发现、创造以升华生命；学生陷入"分数""考试""升学"的功利圈中。

五是顺应《普通高中语文课程标准（2017年版）》的需要。

三、实操

该标准"以主题为引领,使课程内容情境化'出发'",设计"语文学习任务群",主张"以任务为导向,以学习项目为载体,整合学习情境、学习内容、学习方法和学习资料","追求语言、知识技能和思想情感、文化修养等多方面、多层次目标发展的综合效应"。这其中,"任务群"(如学习内容、资料)为"器","任务"(多方面、多层次的目标)应是"道",而为了更好地实现"器"以知"道"、悟"道"、得"道",教学中则离不开沟通"器""道"两者的中介或桥梁"技"。

1. 树立一种观念

俗话说:十年树木,百年树人。这句话比喻要使小树成为木料需要很长的时间;而培养一个人才则需要更多的时间,是个长久之计,并且十分不容易。对这句话,人们更在意的是其培养人才是长久之计这一内涵,而对于其"十分不容易"更多的是强调教育的难度或困境,对"需要更多时间"则容易忽视,因而在培养人才的过程中往往会急功近利。

古人云:"玉不琢,不成器。人不学,不知义。"此句意为"玉不打磨雕刻,不会成为精美的器物;人若是不学习,就不懂得礼仪,不能成才"。这里,古人把树人比作理玉,而理玉其实就是治器。治器自然需要特定过程。或许不同的工匠需要不同的时间量,治不同的器也需要不同的时间量,但这时间量是客观存在的,硬要超越,在同样的器、同样的工匠的前提下是不太可能的,也是不科学的。另外,治同样的器也会因不同的质地、材料而需要不同的时间量,不同质量的器也需要不同的时间量,因此,很多工匠的报酬是以时间为单位来计算的,而不是以器的数量来折算的。

或许,有人会说,我们教学生不是在治器。话虽不错,但学生学习的过程可以被看成治器。比如学会写好一篇文章,文章就是"器",而写则是"治"。这治器是需要时间的,不同学生需要的时间也是不一样的。正如,有的学徒三年学成木匠,有的则要五年才能出师。

教育是一门科学,更是一门艺术,其灵魂是自由和解放。学生需要闲适,教师需要闲适,教育也需要闲适。语文教学需要一颗"艺术"的心态,不仅是愉悦、平和的,更重要的是有一颗发现之心,用心去寻找、发现,以一种美的态度来审视这个世界。

2. 正确处理两个关系

(1) 正确处理语文学科的工具性与人文性之关系。

笔者认为,就当下的语文教学而论,因工具性呈显性,字词句段篇、听说读写等，无一不必然显现工具性，因而人们常容易见到语文教学对工具性的落实，而不容易看到工具性背后的人文性。当然，与之相反的现象同样普遍，因为《普通高中语文课程标准（实验）》强调情感态度价值观而使语文失去了"语文味"。更值得我们反思的是，现实中不乏存在割裂两者而重点从单一方面来评价的现象，既不乏仅有工具性要求的各种语文活动，如反复抄写字词；也不乏灌输式、说教式的思想教育。这些都是没有正确处理两者关系的表现。有鉴于此，笔者认为可以这样处理：一是在语文活动的设计上下功夫，突出其人文性。比如，当学生积累字词时，教师不妨给学生设置一个具体的场景或对象，由学生写下相应的适用的词语。二是在语文活动的评价上改变，一改过去那种以对工具性的负面评价为主来评判内容或思想的表达效果的做法，变为以人文性作为语文活动评价的中心，而以对工具性的正向评价来助推人文性的落实。也就是将"要表达出什么思想内容，哪一句或哪个地方表达得不好，该如何表达"的评价模式转变为"某一句或某个地方表达得好，表达出了什么什么情感、精神"。

应该说，正确处理语文学科的工具性、人文性关系的策略还很多。不过，笔者在这里倡导的是以"技"为介质，通过析"器"得"技"，而后以"技"立"器"，以"器"来蕴"道"，所谓技、器、道三位一体的教学。其中，"器"是工具性的直接体现，"道"则是人文性的反映或本身，"技"则是教学的切入点、训练点，是工具、桥梁。

（2）正确处理应试能力的培养与语文素养的提升之关系。

就目前的高考结果而言，分数与语文素养并不必然成正比关系，大有因考前刷题量大而取得高分的考生在。其实，这与高考语文试题重在考查语言积累和信息处理是大有关系的。曾经有两所学校做过完全不同的实验，一所学校是从高一开始进行考点、知识点的教学，另一所学校是基本不进行知识点、考点的教学，结果两所学校的高考语文成绩与各自以往的成绩没什么差别。那么，在这两所学校参加实验的学生的语文素养又有什么差别呢？这当然无法考证。不过，不同的教学选择肯定会影响学生的语文素养。笔者认为，语文教学既要有广度，也要有深度，更重要的是有深度，不能仅仅依靠做题、解题来应试或者仅仅根据考题样式来命题训练或考查学生。

由于《普通高中语文课程标准（实验）》的实施，现在的语文课堂拓展成分明显增加，但大多数学校的课外语文活动较少，更缺乏的是超出"语文"的阅读活动。因此，在拓展语文的宽度上要做的工作还很多，或许有些不仅是我们语文教师的事情。作为语文教师不宜只是眼睛向内，仅盯着"语文"来引领学生的阅读，这一点是确定的。在具体操作上，目前有人推崇群文阅读、专题阅读等，这些可以借鉴，而且还要注意选文的广泛性、相关

性，不管是内容还是体裁、题材都可以适当地拓展。

那么，如何做到加大语文教学的深度呢？

一是文本解读"深"。

文本是教材的重要组成部分，是编者依据教育学、心理学和学生的身心发展规律潜心编制的，是众人智慧的结晶，体现课程标准的要求。它负载着人类文化的精髓，体现了时代精神、现代意识，具有典范性，它的教学价值是丰富多彩的。吃透文本，才能真正地用足教材、用好教材，最终让学生从文本中汲取营养。

怎样才能吃透文本呢？要细细品味文本中的语言因素（"器"），抓住关键词句，寻找文本解读的最佳切入点（"技"），研读字、词、句、章（"器"），品析、讨论、领悟、内化，弄清文本的主旨及作者的写作意图（"道"）；将文本、作者、背景等要素融通，使阅读者可以在更加深广的层面上读懂作者与文本，和作者进行一场精神的对话。

走近、走进文本是教学准备的基础。作为教师，为了更好地把握教材，要以不同的角色身份走近、走进文本。

以"作者身份"走近、走进文本，思考：我想借文本传递什么信息？主要抒发什么样的情感？其最初的本义是什么？

以"学生身份"走近、走进文本，用"儿童的眼睛看世界""儿童的眼睛看教材"，思考：哪里最有趣味？哪里最有疑惑？

以"教师身份"走近、走进文本，思考：作者所寓是否适合向学生揭示？应引导孩子们理解到什么程度？

以"编者身份"走近、走进文本，思考：文本在入教材时，除却原来的意义价值，还赋予了文本什么样的负担（任务）？

努力做到作者、编者、教者三位一体，真正吃透教材，努力做到技、器、道三位一体，真正在教语文，而且是用语文教。

二是重抓深度学习。

深度学习是一种以促进学生批判性思维和创新精神发展为目的的学习。按照布鲁姆认知领域学习目标分类所对应的"记忆、理解、应用、分析、评价及创造"这六个层次，浅层学习的认知水平只停留在"知道、理解"这两个层次，主要是知识的简单描述、记忆或复制；而深度学习的认知水平则对应"应用、分析、评价、创造"这四个较高级的认知层次，注重知识的应用和问题的解决。笔者认为，深度学习是一种基于理解的学习，是指学习者以高阶思维的发展和实际问题的解决为目标，以整合的知识为内容，积极主动、批判性地学习新的知识和思想，并将它们融入原有的认知结构中，且能将已有的知识迁移到新的情境中的一种学习。深度学习注重知识学习的批判理解，强调学习内容的有机整合，着意学习过程的建构反思，重视学习的迁移运用和问题解决。

深度学习在阅读教学中，就是要让学生将阅读同生活和人生更加紧密地结合起来，使阅读成为启发思考、培育思想、认识自然与社会以及人生的有效途径；学生在深度解读内容（"器"）的基础上感受到作者的精美构思，领悟到文本内容与形式的浑成之妙（涉及"技"），获得阅读鉴赏的审美愉悦（"道"）。

深度学习在作文教学中，可以推动深度模仿教学策略。模仿是提高学生写作能力的有效途径之一，模仿有简单模仿和深度模仿之分。对于知能水平较高的高中学生而言，简单模仿显示出种种弊端，如扼制了学生的创新能力，缺乏深广的知识理论基础，忽视了对写作过程的关注，没有思维层面的深入解析，等等。为了切实有效地提高高中学生的写作能力，"深度模仿"不失为一种可行的高中作文教学策略。深度模仿（"技"）以深广的读写知识为理论依据，以言语作品（"器"）为对象，以建构思维操作模型（"器"）为主要任务，最终完成自己的创作或写作（"器"），表达自己的情感、思考等（"道"）。深度模仿主要从写作的三个方面建构思维操作模型：仿立意、仿路径、仿造句。

深度学习的目标是使学生能够将阅读（主要是"技"）、生活（蕴含着"道"）、习作（体现为"器"）三者融通，使生活成为习作之源，阅读则为习作之本，习作则是阅读之果、生活之花。

3. 以一纲统领三目，三目凭依于"技"

以"道"为纲，以"器"为目，以"技"为依；以一纲统领三目，做到"器"以识"技"，"器"以练"技"，"器"以创"技"；"器"以明"道"，"器"以识"道"，"器"以得"道"。

（1）"器"以识"技"，以明"道"。

不同的体（"器"），自然有不同于其他体的技巧、技法（"技"），也应当承载不同的"道"。如古诗文教学，从整体上说，其目标就是语言（准确地讲就是"文言"或"古代汉语"）、文学和文化三者的有机的统一。具体说来，古诗文的教学目标应当包括以下四个方面：背诵与积累，培养学生理解古代汉语的能力，培养学生阅读和鉴赏古代文学作品的能力，培养学生理解和评价中国古代文化著作的能力（作为高中生则注重发掘和探究古诗文所包含的文化意蕴）。《普通高中语文课程标准（2017年版）》在"学习任务群8　中华传统文化经典研习"中指出"本任务旨在引导学生通过阅读中华传统文化经典作品，积累文言阅读经验，培养民族审美趣味，增进对中华优秀传统文化的理解，提升对中华民族文化的认同感、自豪感，增强文化自

信，更好地继承和弘扬中华优秀传统文化"，而"学习任务群14　中华传统文化专题研讨"的目的则在于"加深对传统文化的认识和理解，增强传承、弘扬中华优秀传统文化的自信心、责任感"。

教学中，教师必须明确并践行此"道"。

（2）"器"以练"技"，以识"道"。

要开展针对特定"技"的有效练习，帮助学生真正掌握汉字、词语、句子、修辞和篇章，培养语文能力，形成语文素养，为终身学习奠基，就是在教学中通过师生互动，凭借特定的技巧、技法（"技"），将文本（"器"）中具体的"道"，不论是情、理、智还是趣或者其他，都变成学生清晰、可感、可触、知其然而又知其所以然的人生滋养。

（3）"器"以创"技"，以得"道"。

这是将文中所识"道"与生活、时代、社会相联系，通过恰当的语文活动（"技"的载体）转化为学生的作品（"器"），从而滋养学生的心灵，培养学生的道德情操（"道"）。

这就是让学生在多样的语文表达练习尤其是习作（"器"）中不断完善、创新，最终形成自己的语文学习尤其是创作特色。

4. 四大实践途径

（1）以"情"为纽带，实施情感教学。

一是建立情感前提。语文教师的修养是实施语文教学的必要条件，包括渊博的知识、深厚的美学修养、高明的教学艺术、高尚的人格。而教师强烈的生命意识，对每一个生命的挚爱则是语文教学的前提。尊重学生的思想情感，信任学生的理解，珍爱他们的每一个"发现"，对"落后"学生的适度宽容与期望……民主和谐的师生关系，息息相通的心灵呼应，悲喜与共的情感共振，是信息传递与反馈的润滑油、催化剂，是生成美的过程的动力。

二是寻找移情途径。凭借情感的牵引，或将主体引入观赏对象，设身处地，移情于语言中的人、事、景、物，达到物我同化、情境交融、人文同怀；或将生活引入学生的语言和情感世界，以获得审美愉悦。主要途径有：内移，调动学生的情感积累，把他们已有的生活体验引入语文课堂教学中来；外移，把学得的语文知识、体验延伸到生活中，去发现、理解、应用；互移，通过课文与课文的新旧联系，学生与学生的协同合作，教师与学生的换位思考，进行生活中事物之间的异同比较，进而丰富情感体验和语感。

三是抓住情感载体（"器"）。首先是善于开掘教材中蕴藏着的情感载体。方正灵动的汉字，抑扬顿挫的四声，富于变化的结构，灵活多变的句式，各类人物的刻画，不同场面的描绘，各种气氛的渲染，多样化逻辑的阐述……都是传递情感的载体。其次是善于发现并利用生活中的一切情感活水。美的、丑的、崇高的、低劣的、悲剧的、喜剧的……总之，流动的、开放的、取之不尽、用之不竭的生活是调动他们的情思体验（道），激发他们学语文的兴趣，丰富其语文积累的源头活水。最后是善于抓住课堂上的情感火花。课堂教学是一个师生情感互动的过程，它是变化的、起伏的、曲折的，也是美的生成图。情感与思维的火花最易在情境中碰撞，在动态中激发，而动态中激发的思维和情境中碰撞的情感，更具有张力渗透，也更能激发学生的内驱力。抓住课堂中随时可能出现又会倏然消失的情感火花，语文探索活动更能形成热点和高潮。

（2）以"技"为支点，借助语言文字（"器"）实施德、智、美诸育（"道"之所在）统一的大语文教育。

课文是生活，是历史，是人类认识世界、创造世界、完善自我的灿烂成果和辉煌历程。语文教学是通过语文教学活动中教师、学生、客体（"器"）三者组成的融合体，以语文教学为中心的科学、文学、文化的统一。它包括以下两个"统一"。

一是依托于语言文字（"器"）的教学实现表层语言感知（"技"等）和深层文化意蕴（"道"）的统一。二是依托于"技"的听说读写（其成果为"器"）的语言实践活动融合一体，实现审美素质（"道"）和语文综合素质的统一。

（3）基于学生生活和学生差异发展理念的普通高中语文粤教版教材（必修）与记叙文写作教学整合。

一是充分发挥学生的主体作用，基于学生发展的差异，由学生自己慧眼识珠，去发现课文（"器"）与记叙文写作训练的结合点，确定训练内容、方式，并躬亲实践（指写作，作品为"器"，内蕴"道"），自主点评，培养学生自主探究、自主达标意识、能力。

二是要求每一位学生从每一篇课文（"器"）中至少挖掘并训练一个读写整合点（体现为"技"）；如果实在无法挖掘，则可从与课文同样话题（如亲情、消费观等）的课外文章中选择。这样，可以保证学生练笔的不间断，打破一般情况下每位学生每学期6篇或8篇作文（"器"）的训练量的局限，以练笔的数量求得质量的提高，同时培养学生坚持不懈的毅力，成就学生勤思考、爱动笔、注重学以致用的良好习惯（"道"）。

三是实现课文教学与写作训练的同步，打破此前绝大多数学校存在的必修课文教学与记叙文训练基本割裂的现状。这有利于学生精研课文、学会活用课文，用课文创造，既消除当下学生普遍存在的"学课文无用"的思想，又更好地发挥课文的教学功能，进一步实现"用教材"。

四是一篇课文训练一个或两个具体的点，使写有范本、读有动力，且利

于化整为零而使训练目标明确具体且可模仿、可对比，力保写作训练的实在实效。同时，学生对读写整合的挖掘有助于提高学生的鉴赏水平，学生的具体写作、评价实践更能保障学生语言表达训练的主动性，提升学生语言整合能力。

五是扩大学生的阅读量，努力调动学生的生活积累，实现学生阅读、积累、感悟、整合、表达的相互融通，使语文教学的工具性和人文性达到更高程度的和谐统一。

（4）自主合作探究式文段练笔。

《普通高中语文课程标准（实验）》实施后，作文教学作为对语文教学进行反思的重要突破口，相关的论述和实验探索很多，但是，总体上说，真正的探究性写作少，操作模式缺乏，体现运用新课程标准理念来解决问题的"综合治理"方案几乎没有。笔者依据现代教育、创新教育、建构主义、主体教育和探究性学习等先进的教育教学理论，针对以上情况，设计并开展了"自主合作探究式文段练笔及互批对语文（写作）成绩的影响实验研究"，力图通过"以写促读""以批导写""以比促效"三个途径，培养学生阅读、思考和爱表达的习惯，丰富学生的积累，提高学生语言表达水平并进而提高学生的研究能力和创作水平。在具体操作中，笔者根据实际不断调整行动方式和策略，通过课题理论学习，教学过程的检查、组织教学评价等活动，检验研究成果，探讨新的研究重点和方向；在反思和总结中，探讨课程理念在教材、学生、教师之间如何有机整合；采用问卷调查、访谈调查等形式调查分析、找出规律。本行动研究呈现出多种教学形式或行为，总结出行动研究的四大策略：始终坚持激励原则，由开放到逐步收拢突显教师的主导作用，注意深入挖掘有实际意义的教学切入点，训练方式要灵活变通。同时，笔者进一步探讨了本行动研究的价值，挖掘了本行动研究的启示，并做出了反思。笔者认为，自主合作探究式文段练笔是一种化整为零、各个击破学生写作难点的教学和训练方式，能够提高作文效率，是一种操作性很强、值得大力推广的作文教学方式。

第二章
技、器、道三位一体字、词、句、修辞教学

汉字是表意文字，但又是音、形、义三者的统一；汉字的表意功能是由字符内存的构形来体现的，而汉字字义之间是存在某种关系的。利用"六书"（"技"）"字求其训"进行汉字教学，有利于连通汉字音、形、义三者之间的关系，进而自然而然地有利于帮助学生更好地掌握汉字。当然，这也就决定了这一教学法更适用于解决学生存在的常见错别字问题和误析近义词（"器"）现象，也有利于学生切身体会汉字的巧妙（"道"）。

汉字是由笔画构成的，汉字也有各种偏旁部首；汉字笔画有其规范，也有其书写顺序；汉字偏旁尤其是部首也有表意功能。通过笔画、笔顺和偏旁（"技"）进行教学，有利于抓好学生汉字书写（"器"）、消除错别字，也有利于学生明白汉字的严谨（"器"）。

汉语的词尽管复杂，但是有规律（"技"）的，这些构词规律（如词素、词序、结构、语境影响词义）了解得越多，越有利于掌握词语（"器"），解词能力越强，越能欣赏词语独特的表达效果和运用艺术，也能让学生意识到语言是发展的，而发展是有规律的，再进一步明白，语言是规范的，新词绝对不能乱造（"道"）。

句子（"器"）与语法、逻辑（"技"）相关，句子理解与赏析则可能与结构、修辞（"技"）、特定语境相关。句子的教学会使学生对汉语中汉字、词语、语法、逻辑、修辞的整体性、系统性有认知，从而消除语言就是死记硬背的不正确认知，真正认识到汉语也是科学的（"道"）。

修辞（"技"）与汉字、词语、句子（"器"）等的活用和变异密切相关。通过修辞的教学，学生将知道语言除了严谨性外，还有灵活性的一面，增强他们学习的兴趣，点燃他们热爱汉语的激情（"道"）。

第一节　高中汉字教学

汉字作为记录汉语的符号系统，是中华文明延续和传播的载体；汉字的使用反映着母语使用者的素质。汉字教学一直是语文教学的一项重要内容，汉字教学要贯穿于整个母语教学的始终。

一、高中汉字教学要求与范围

《普通高中语文课程标准（2017年版）》在"学习任务群4　语言积累、梳理与探究"中指出，"本任务群的学习贯串必修、选择性必修两个阶段"。其学习目标与内容之一是"在语文活动中，积累有关汉字、汉语的现象和理性认识，了解汉字在汉语发展和应用中的重要作用，巩固和加深义务教育阶段所学的汉字知识；体会汉字、汉语与中华传统文化的关系及汉语的民族特性，增强热爱祖国语言文字的感情"。

"巩固和加深义务教育阶段所学的汉字知识"，结合《普通高中语文课程标准（实验）》，我们可以理解为：小学生应掌握2 500个常用字，初中另加1 000个次常用字，而高中生则应该掌握4 000多个汉字，包括3 500个字的巩固和数百个生字的习得，而其中有一些超出了通用汉字的范围。对汉字掌握的标准应是能读准字音，把握字义，并能正确地书写、运用。如此看来，高中汉字教学要求学生会读、会写、会讲、会用的新汉字近1 000个。高中汉字教学要对3 500个汉字更深入地学习，甚至是纠偏，如帮助学生改正常见错别字，纠正学生常读错的字音等；高中汉字教学中的同音字、形近字和近义字非常多，随着汉语学习者识字量的增加，在形音义方面的辨析难度也相应增大。

二、高考对汉字的考查要求

《2018年普通高等学校招生全国统一考试大纲》（语文）对汉字掌握有明确的规定，即"识记现代汉语普通话常用字的字音"，"识记并正确书写现代常用规范汉字"。这规定侧重于考查识记、辨别、确定汉字字形的能力，既包括汉字的识别，又包括汉字的书写；既包括区分形近字、同音字等，又包括不写错别字。这种要求不可避免地让一线教学只注重汉字的形。从高考的实际情况看，现在多数省份试卷已经不直接考查字形，或在作文中间接考查，或在默写中间接考查，而直接考查的也全是别字。因此，辨识别字成为字形识记的主攻目标。汉字作为表意文字，是形、音、义的结合体，而高考中汉字考查若只停留在形、音的层面显然是不科学的。

三、现行高中汉字教学误区及后果

现行高中汉字教学仍停留在识记汉字的目标上，课堂上不重视，或者仅停留于扩大识字量，基本上是用了小学识字教学的那一套"随文识字"，即将课文、生词、练习等机械排列的教学方法，让学生单调地读，重复地写，读读、记记、写写，只是把汉字当作简单的信息符号来处理，忽略了汉字的音、形、义的来源与联系，不讲汉字的起源，不讲汉字的造字规律，使原本科学、简易、智能、有趣的汉字，成了无源之水，漫无边际，枯燥乏味，无从把握，这实在是一大憾事。

以上因素造成高中汉字教学的直接结果就是学生连识记都成问题，更谈不上辨别赏析。因此现在的高中生写文章时错别字连篇、词汇量匮乏，甚至在正式场合连一句像样的话都说不好，更直接的结果就是社会上汉字使用不规范，间接的结果是让学生对识字产生厌恶情绪，不利于培养学生热爱祖国语言文字的情感。

四、高中汉字教学的依据

高中汉字教学遇到的第一个问题，就是汉字到底应该从哪儿开始学，也就是从哪儿入手的问题。

汉字自产生以来具有两大功能，一是它的语言交际功能，二是它的文化功能。汉字是一种文化现象，是成汉文化的一部分，反映了数千年来汉民族的心理状态、价值观念、生活方式、思维特点等各个方面的文化信息。

汉字是音、义两种形式的有机组合，是一种可以感知的语言。我们阅读文本时，既可感知汉字优美的韵律，又可体会它所表达的内涵，并沉浸于文字意境的熏陶之中。汉字可以表达丰富的内容，我们在阅读时除了能体会作者所表达的情感，还可以间接获得一些人生经验。

汉字发展到今天并不是一成不变的，它随着语言环境的变化也发生了很大的改变。汉字的一些新意被广泛应用，本义则不为人知。汉字在不同的文本中往往会被赋予一些新的内涵。

汉字以上的特点应该是汉字教学本有的出发点和归宿。而从这种要求或

目标的达成或实施来看,从基础教育的不同阶段学生本身的特点来说,高中或许就更应该或更适合。这从考试的角度来分析也可得到印证。就拿最基本的认字来说,初中守着字典就可以了,高中就要读出非字典义,因为高中考查的基本上不会是字典上的意思。

因此,作为高中语文教学基础环节的汉字教学,它的教学目标就应该是落实汉字的两大功能;高中语文汉字教学就应该紧扣汉字的文化特性来落实汉字的文化功能,进行汉字文化教育。

五、 高中汉字教学策略

(一) 利用"六书"进行汉字教学

字形是汉字的灵魂,汉字形体结构的本身,包容着无比丰富的信息量。了解汉字的构造方法及其特点,是教学和识记汉字的基础。

关于汉字的结构,传统有"六书"的说法。"书"古代指写字,也指写下的字,故"六书"从字面上讲就是六种字的意思,六书说就是关于六种汉字的学说。"六书"之称,最早见于《周礼·地官·保氏》,后世学者定名为象形、指事、会意、形声、转注、假借。东汉学者许慎给"六书"下定义是:象形者,画成其事,随体诘诎,日月是也;指事者,视而可识,察而见意,上下是也;会意者,比类合谊,以见指㧑,武信是也;形声者,以事为名,取譬相成,江河是也;转注者,建类一首,同意相受,考老是也;假借者,本无其字,依声托事,令长是也。

利用"六书"进行汉字教学有利于连通汉字音、形、义三者之间的关系,自然有利于帮助学生更好地掌握汉字。当然,这也就决定了这一教学法更适用于解决学生存在的常见错别字现象和辨析近义词。

例如,"氽""汆""糁"字形十分相近,又不常用,因此极容易混淆。其中的"氽"和"汆"简直像双胞胎那样难以分辨。不过,如果懂得它们都是会意字,认真分析一下它们的成字原理,也就不难辨清。"氽"字,上面是"人",下面是"水",合起来是"人浮在水上"。"人浮在水上"是漂浮的一种情况,因此"氽"的本义是"漂浮",如木板在水上"氽""尸体氽上来了"。它又被引申为"用油炸"(因为油炸食品时大多食物浮在油面上),如"氽油条""氽虾片""油氽馒头""油氽花生米"。"汆"字,上面是"人",下面是"水",合起来表示"(把东西)放入(沸)水中"。"汆"字的常用义是一种"烹调方法,把食物放到沸水里稍微一煮",如"汆汤""汆丸子""汆黄瓜片"。"糁"字,上面是"人",下面是"米",合起来就是"买进米"。米，可借代粮食，因此"籴"泛指"买进（粮食）"，如"籴米""籴麦子"。跟"籴"相对的"粜"，则是"卖出（粮食）"。

又如，成语"再接再厉"，大家知道它的含义表示不断地努力去实现目标，但对为什么用"厉"而不是用"励"充满疑惑，往往误用。这个成语的原始含义是斗鸡每次接触之前，都要对嘴进行磨砺。"厉"通"砺"，"砺"是形声字，含义是磨刀石。

再如，"不能自已"不要错成"不能自己"。"已""己"二字形体相似："已"半张口，"己"全张口；读音有别："已"读yǐ，"己"读jǐ；意义不同："已"本义指停止（如"大哭不已、有增无已、死而后已"），引申义指已经（如"早已知道、名额已满"），"己"本义指自身，"自己"是个常用人称代词，代替人或物本身；"自已"却是个罕用动词，即自止，指控制住自己的感情（如"思母之情难以自已、不能自已"）。"兴奋得不能自已"，指自己不能控制自己，无法让激动的情绪平静下来。如果对"已"字没有深入的理解，极易将"不能自已"误写成"不能自己"。"不能"和"自己"无法搭配在一起。下面是"不能自已"误用的例子。

赵基生接到桂英从郑州寄来的信和照片……老人激动得不能自己，声泪俱下。（此处的"不能自己"应为"不能自已"）

利用"六书"进行汉字教学，重点是运用形声字的形旁与声旁表意的知识，授课教师应有相关积累或比较熟悉相关知识；此外，还要掌握一定的方法，如音近形近易混字的区分。

（二）利用传统的"字求其训，句索其旨"的授课方法

教师宜因材施教，适当地在课本注解以外补充些字训的内容，这对感知课文、把握主旨大有裨益，还能有效地激发学生的阅读兴趣。如《荷花淀》一文，一般没人在这个地理名称上发现什么不解之处。有教师却问学生：湖南有洞庭湖，湖北有云梦泽，山东有梁山泊，河北有白洋淀，这"湖、泽、泊、淀"四字意义有什么不同？能否互易？改成"梁山淀""白洋泊"行不行？学生感到新鲜，迫不及待地翻起工具书，相互讨论，并共同探究起来。原来，水深而面广者为"湖"；水浅见底胶舟者为"泽"；水浅而能行舟，多港湾而能藏舟者为"泊"；水浅面广而能行舟者为"淀"。懂得了什么是"淀"，学生就对小说故事情节赖以展开的环境有了感性的认识。学生如除云翳，豁然开朗，方知定名有据，字不可易。再如，"鬟"和"髻"都是古代妇女的发型，但为什么《林黛玉进贾府》中写贾府三个姑娘"钗鬟裙袄一样的装束"，用"鬟"，而《陌上桑》中秦罗敷"头上倭堕髻"，用"髻"？

原来,"髻"是实心的,是已婚妇女的发型,"鬟"是空心的,是未婚妇女的发型,所以有丈夫的罗敷头发挽成"髻",贾府三个姑娘头发挽成"鬟"。

(三) 纠正高中生常见错别字

由于学生个人习惯和键盘输入背景,不少高中生会写错别字,而且有些错别字已经因年深日久而根深蒂固了。有的同学甚至连自己的姓名都还写错,不过,更多是习惯性的常见错,而且大多数是因音同而错,因不理解意义而错(主要写别字)。

对于自己姓名写错的,教师只要刻意提醒一下,指正一通,学生就会上心,以后再错的可能性就小了。

对于习惯性的常见字写错,据笔者经验,哪怕老师若干次在其习作中加以提示、更正,也无济于事。这时,我们要做的是,组织学生相互挑错,相互指正,运用"六书"知识并通过查字典来真正弄明白字的音形义,同时,还要通过查词典来进行拓展延伸,以帮助消化和识记。

对于因音同而错,因不理解意义而错(主要写别字),主要集中反映在高考名句名篇默写中。对于这种现象,教师不能仅停留于对对答案,进行简单的更正,而应该分两步走。第一步是做个有心人,收集学生默写时易混淆、易错的典型字,利用课堂教学时间,组织学生集体"字求其训,句索其旨",集中解决大多数学生的常见错别字。第二步是让学生以知识清单的形式,整理自己默写中出现的错别字。

(四) 重视高中生汉字书写

重视汉字书写训练是中国几千年的教育传统,然而,随着数码时代的到来,以纸笔为媒介的汉字书写受到了较大冲击。

中华上下五千年灿烂文化传承至今,每一个汉字都积淀着中华文化精髓。书写优美汉字,也是传承中华文化的良好途径。常言道"字如其人",如果学生不重视书写汉字,写起字来马马虎虎,难以辨认,对他们的品格修养也有不利影响。加强汉字书写教学,多鼓励学生练习书法,可让他们掌握正确的汉字书写笔画,更可陶冶性情,锻炼意志力,提升美学鉴赏能力。

从2001年1月1日开始实施的《中华人民共和国国家通用语言文字法》中规定,规范汉字是我国的通用汉字,并要求全社会"说普通话,写规范汉字"。2002年教育部出台的《关于在中小学加强写字教学的若干意见》,就中小学生学习书法的重要性和书写应达到的水平都提出了新的要求。2008年,广东省教育厅向全省21个地级市下发《关于加强中小学书法教育的意见》的文件,明确要求"除在语文美术课中加强书法教育外,将书法作为我省中小学地方课程,每周开设一节书法课"。

第二节　高中词语教学

词汇是整个语言的中心单位，是语言这幢大厦的建筑材料。学习语言，有两大块最为重要，其一是语法，其二就是词汇。

一、高中词语教学范围

高中语文词语积累没有固定的量。一是因为教材没有明确要积累哪些，二是因为高考没有指定要考哪些，三是因为高考对词语的考查，比如说成语，并没有指定的出处。在具体教学中，教师只能依照课文配套用书中经别人整理好的词语来进行，或者根据高三复习用书中列出的词语来进行。这两种情形所涉及的词语量是因教材或复习用书，甚至是因编资料者的不同而存在差异的。

二、高中词语教学的要求

《走进新课程与课程实施者对话》一书提出"降低对语法的要求"，其实就是要求淡化句法教学，加强词语教学。

《普通高中语文课程标准（2017年版）》对词语教学的要求则是"通过在语境中解读词汇、解读语义的过程，树立语言和言语的相关性和差别性的观念"；"通过文言文阅读，梳理文言词语在不同上下文中的词义和用法，把握古今汉语词义的异同，既能沟通古今词义的发展关系，又要避免用现代意义理解古义，做到对中华优秀传统文化作品的准确理解"；"在学习文学作品时，观察词语的活用、句子语序的变化等，体会文学语言的灵活性和创造性"；"在运用口语和书面语表达的过程中，对比两种语体用词和造句的差别，体会口语与书面语的风格差异"。

三、高考对词语考查的要求

《2018年普通高等学校招生全国统一考试大纲》（语文）中对词语考查的要求是"正确使用词语（包括熟语）""能力层级E"。

本考点考查的重点是考生对于常用实词、虚词和熟语的使用能力，是易

混淆词语语境意义的辨析与运用，而不是词语字典意义的识记和罗列。

所谓常用熟语，是指在汉语的交际中经常用到的词语。常见熟语包括成语、惯用语、谚语（俗语）、格言、歇后语等。

所谓运用主要包括两个方面，一是在具体的语言环境中辨析同义词、近义词的意义和用法，进而辨别其使用的正确与否；二是在具体语境中直接判断词语（熟语）使用的正确与否。

四、高中词语教学现状

倘若在搜索引擎中以"高中词语教学现状"为关键词进行搜索，是不会得到什么信息的；而以"词语教学现状"为关键词进行搜索，则可以发现关于小学、初中词语教学的相关探讨。这说明，在高中，基本无人研究或关注词语教学。

现实的高中语文教学中，高一、高二基本没有真正开展词语教学，要说有，大不了就是要求学生按照课文配套练习中整理好的词语进行机械识记或做其中的相关练习。而高三教学中，则是做题，做实词、虚词、成语使用正误和近义词辨析的选择题。

五、词语教学的依据

词语教学向下要延伸到语素，使学生掌握基本的语素构词的规律；向上要延伸到词组，使学生学会把词语正确地排列组合成词组和句子，掌握词组在汉语中的重要地位。

在词语教学中，不仅要讲清楚词语的音、形、义，更重要的是讲清楚词语的用法，即词与词的搭配及搭配时应注意的问题，并通过大量的练习让学生掌握词语用法。

词语是一篇文章最基本的语言单位，文章中的许多词语都是作者精心挑选、反复推敲而来的，不仅形象生动，而且折射着作者强烈的感情色彩，在文章中起着非常关键的作用。教学中要注重在语境中解读词语，从文章的作者、内容、背景、体裁等各个角度切入。

词语是语言要素中最活跃、最敏感的部分，几乎处在经常的变动中。社会各个领域、方方面面的发展变化总能在不断创造出来的词语中表现出来。词汇是人的世界的反映，词语教学也要跟上这种快速的变动。

六、 高中词语教学策略

教师进行词语教学，若只是单纯地讲解音、义，就显得枯燥。为了增强词语教学的趣味，教师可以口述语源的情节内容，突出其故事性，发挥语源的故事性优势，帮助学生理解词义；讲清词义发展的演变过程，讲清词义不常为学生所知的差异；从分析词语结构出发，找出具有同一结构类型的词语在表义方面的规律，然后教学生运用其规律推一知十，更好地掌握词语；诱导学生联想，让学生发挥联想，由词到物、由虚到实；讲清词义形成的根据，使学生产生启示感。

（一）分析结构，弄清语素含义

汉语的词尽管复杂，但不论是单纯词还是合成词，不论是语法式构词还是修辞式、拟声式构词，不论是词的本义还是引申义，毕竟都是有规律的，只要学生运用学过的有关知识，多数词语还是大致能解释出来的。这些构词规律了解得越多，解词能力就越强。

例如，中肯：支配式，肯，肯綮，即筋骨交接处，《庖丁解牛》中有"肯綮之未尝"，中肯就是正中要害，喻抓住关键。寒暄：并列式，问寒问暖，见面时的客套话。昼夜勤作息：并列式偏义复词，词义偏重于作，即劳作、工作、干活。蠡测：偏正式，以蠡测海的略语，蠡就是瓢，名词作状语，用瓢量海水，喻浅见揣度。秋水：喻明亮的眼睛。巾帼：用古代妇女头巾发式代指妇女。

再如"黯然、怡然"类附加式合成词，汉语中有200多个，《现代汉语词典》收154个，高中课本出现100个左右，其中有20个左右词典中没有解释，怎么办？这些词多数是形容词、副词，少数连词。凡形容词词义多由实语素决定，"然"只表示"……的样子"。悚，害怕；悚然，害怕的样子；怃，失意、失望；怃然，失意失望的样子。掌握了这个规律，即使词典没解释"渺然、隐然、憭然、翘然、洞然、宽然、冥然、悯然、嚼然、怵然、傈然、烨然、窈然"等词，学生也可根据实词素的含义，来把握词义，明白了半数以上的词。

汉语中有类重叠式词语，如袅袅（AA式）、麻麻亮（AAB式）、黑魖魖（ABB式）、夸夸其谈（AABC式）、天网恢恢（ABCC式）、跟跟跄跄（AABB式）、毛里毛糙（A里AB式）。学生常问重叠部分应怎么讲。不同形式的重叠词语与语义间各自有对应规律。如AABB式形容词居多，也最复杂，高中课本出现了110个左右，分两种：一种是AB式词的形态变化，表示程度加深或情状纷繁；另一种是 AABB 式构词，表示"……的样子"。

（二）把握词序，分析词语情味色彩

语言是极其复杂的，我们只有从大量的语言事实中发现其固有的规律，利用规律，才能简化词语教学，以简驭繁，收事半功倍之效。

其中，词序就是我们要关注的教学切入点。

梁启超的《饮冰室合集》里载有一则轶事。某考官批阅三篇劣等文章时，按等级分别在上面写了三条批语："放狗屁""狗放屁""放屁狗"。虽然使用的是相同的三个字（词），但顺序不同，等次分明，而且极富感情色彩，令人拍案叫绝。

"放狗屁"，是个无主句，隐去的主语是"人"，人在放狗屁，毕竟是人而不是狗。"狗放屁"，主语是"狗"；狗放屁与人放屁相比较是等而下之。"放屁狗"，是个词组，中心词是"狗"，修饰语是"放屁"；这条狗别无长处，只会放屁，与狗在放屁相比较又等而下之。

一个合成词，如果词序颠倒，词义往往迥然不同。例如，2000 年 5 月 12 日《姑苏晚报》刊登一则新闻，标题是"女儿亡命日本——母亲获赔六百万"，说的是女儿在日本遇车祸死亡，获得赔偿。显然，"亡命"是"命亡"之误。

"命亡"这个词好理解，即生命丧失，丢掉性命。"亡命"这个词要费一番口舌解说。"亡"本作"亾"。高亨有一段精辟解说："《说文》与金文之亾，皆从人而伸其臂向前，伸其足向后，伏身而卧之状也。逃亡者恐人发现。故伏身而卧于隐处。甲骨文或从人直立于隐处。"① 由于甲骨文与金文、小篆在形体上略有差异，学术界对"亡"的本义说法不尽相同，但作逃跑解这个基本意义无争论，在古籍中也屡见不鲜。比如，《战国策·楚策》："亡羊而补牢，未为迟也。"《史记·陈涉世家》："今亡亦死，举大计亦死。"这两段文字中的"亡"均指逃跑，现代词语"流亡""逃亡"也是用这个意义。至于"亡"作外出未返解，作失解，作死解，是词义的引申；作无解，是双声通假字。

"亡命"之"命"非生命之"命"，而是通"名"，即"名籍"，用现代话说是户籍名册。"亡命"即脱离名籍，改名换姓，逃亡在外。如郭沫若《洪波曲》第十一章第三节："大革命失败后，我到日本去亡命。"就是用这个意义，如果理解成郭沫若到日本去"丧命"，岂不大谬。至于成语"亡命之徒"，那是指冒险犯法、不顾性命的人。

---

① 高亨. 文字形义学概论［M］. 济南：齐鲁书社，1981：182.

执笔行文注意词序的排列，张口说话又何尝不是如此。袁晓园在《智慧的结晶文明的奇迹——漫谈中国语文》里说了一则笑话，很能说明字词颠倒，语意大变这个问题。直录如下。

有个饭店，有个跑堂的看外面进来了一个阔人，问这里有什么吃的。堂倌就很客气地讲："您吃什么有什么。"一会功夫，一个穷酸的贫民走进来，也问有什么吃的，堂倌看看他说："你嘛，你有什么吃什么。"① 这个堂倌的回答，一个是"吃什么有什么"，一个是"有什么吃什么"，用词一个未换，只是词序颠倒了一下，那种嫌贫爱富的势利小人的丑恶嘴脸却暴露无遗。

(三) 正确把握词语音形义间的关系

词语是由语素构成的，而语素则往往会有自己的实在意义，不同意义可能会有不同的读音，而同一读音则可能会有不同的字形，而字形则又有其表义的特点。这一特点可以帮我们选择字形，进而选择词语。从这一意义上说，我们可以通过语素辨识来理解复合词的语义，这也叫语素猜词。

例如，"下载"该怎样读。

如今，在广播电视媒体及人们日常生活中很容易听到"下载"一词，其意思是：从互联网或其他计算机上获取信息并装入某台计算机或其他电子装置上（跟"上传"相对）。但几乎所有人都把它读成"下 zǎi"而不被质疑。果真该这样读吗？

翻开商务印书馆《现代汉语词典》（第5版）第1 470页就可发现这个词，读音为"xià zài"，"载"读去声，与"上传"相对。细细想来，这样读是很有依据的。"载（上声）"有两个义项：①年，如三年五载、一年半载；②记载，如刊载、载入史册。而"载（去声）"有三个义项：①装载，如载客、载誉归来；②充满，如风雪载途、怨声载道；③又、且，如载歌载舞。很显然，"下载"一词中的语素"载"当取"装载"义，应读 zài。明确了这一点，自然不会读错而以讹传讹了。

例如，是"登陆网站"还是"登录网站"？

现在"登陆"与"登录"的混用情况比较严重。2006年中央电视台春节晚会的主持人播报给赠台大熊猫取乳名情况的时候，电视屏幕下方列出了评选办法。其中一句是"欢迎登陆央视国际网站 www.cctv.com 参加评选"。其后，主持人宣读有关单位给全国人民拜年贺电的时候，屏幕下方又有一排

---

① 中国文化书院讲演录编委会. 论中国传统文化［M］. 北京：生活·读书·新知三联书店，1988：391.

字"中国移动拜年方式拨打 12530 或登录 www.cctv.com"。又如 2006 年 2 月 12 日 17：59 中央五套电视台在播体育新闻前有一个 NBA 全明星票选的广告，其中有一段字幕："发送'star'到'6666'，或手机登陆移动梦网投票，就有机会去现场看 NBA！"我们在网上冲浪时发现"登陆"与"登录"不分的情况更严重。

"登录"在《现代汉语词典》（第5版）中有两个义项，第一个是"登记"，登记、记录的意思，这个义项也比较接近语素义；另一个义项"输入用户名和密码，取得计算机网络系统的认可"。"登录"的第二个义项本来就与网络有关，因此"登录"与"网站"等搭配使用很正常。从对应的英文表达可以看，"login"不但有"登录"的意思，还有"进入（系统）"的意思。英文可以说 login 某个邮箱，也可以说 login 某网站，而不能说 land on 某网站。可见，英文中登录邮箱和网站都可以用"login"。而"登陆"在词典中有虚实两个义项：第一个"渡过海洋或江河登上陆地"是实的；第二个"比喻商品打入某地市场"，意思比较虚。这两个义项都与网络无关。其实，这两个词的义项与它们不同的语素"录""陆"密切相关。"录"应是"记载、抄写"的意思，"陆"则是"陆地"的意思。前者应是动词义，而后者应是名词义。这样，"登录"应该是并列词组，表过程；"登陆"则应是动宾结构，表结果。"登录网站"，通俗地说，就是"上网"，而"上网"就要"录入"，"录入"就要"写"，其过程自然是有"记载"。"登陆"，意为"进入了某一地、领域"，尽管词典中没有第三个义项，适合"上网""进入微信""上QQ"等，但从词义的引申来说，"登陆"与"QQ""微信""网站"是更能搭配的。当然，在这一前提下，用"登陆"与上述对象搭配，但最好与具体的特指对象搭配，且用以表示"结果"，如可以说，我"登陆"了某个"网站""QQ"等，而不宜直接说"登陆网站""登陆QQ"等。

当然，关于依据语素理解词义，历来有两种意见。一是词义不是组成成分意义的简单相加，不能简单地"见字知义"。二是认为词、短语和句子构造是一致的，可以从语素义推知词义。我们可以用叠置原理来考查词的组合义，对复合词进行分类，看哪些是可用规则描述的，即可计算的，哪些是不能描述、不能计算的。对那些可计算的，教师可找出规则，给出参数，为学生提供复合词的语义理解策略。

（四）把握词语的用法

词语的用法与词语的结构有关，与构成语素有关，与文化有关。我们在使用或者鉴赏的时候要调动相关积累，细加辨析。

例如，"出乎意料之外"用错了吗？

《现代语文》2004年第5期刊登了《"出乎意料"与"意料之外"》一文认为,"出乎意料之外"的用法经不住推敲,"出"是"超出"的意思,如"超出了人们的意料","超出了人们的意料之外"就是结构杂糅。因此,从规范语言的角度出发,"出乎意料"和"在意料之外"只能选用其一。

有人以为,这种观点值得商榷。理由有以下两点。

第一,从语义分析看,"出乎意料之外"完全可以得到合理的解释。无论古代汉语还是现代汉语,一词多义的现象是普遍存在的,语境不同,词义很可能就有所不同。像"出",不仅有"超出"的意思,还有"产生"等意思。商务印书馆出版的《古代汉语词典》(第2版)对"出"的解释是:"出,产生。"书中举《荀子·劝学》"肉腐出虫,鱼枯生蠹"为证。《现代汉语词典》(第5版)对"出"的解释是:"出,产生。"书中举"我们厂里出了不少劳动模范"为例。不错,在"出乎意料"中,"出"是"超出"的意思,"出乎意料"即"超出了人们的意料"。但在"出乎意料之外"中,"出"是"产生"的意思。"出乎意料之外"即"产生在人们的意料之外",其结构不存在杂糅问题,相反,表达非常顺畅,语义与"出乎意料"所表示的"超出了人们的意料"恰好相同。正因为如此,《汉语大词典》收了"出人意外"和"出人意表"两个条目,与"出人意料"并列。

第二,从实际的使用情况看,"出乎意料之外"也是常常可以见到的。在领袖的著作中、著名作家的作品中以及各地的报纸杂志中经常出现,被广泛使用,是大众习见习闻的规范用语。例如:

(1)解放以后七年来的大胜利,特别是去年这一年的大胜利,使有些同志脑筋膨胀,骄傲起来了,突然来了个少数人闹事,就感到出乎意料之外。(《毛泽东选集》第五卷)

(2)许多同志总以为抗美援朝妨碍工作,是一个额外的负担,而群众一搞起来就有声有色,大大帮助了实际运动,扩兵这样容易,也出乎意料之外。(《邓小平文选》第一卷)

(3)唐云山下意识地举起手来搔他那光秃秃的头顶,向座中的人们瞥了一眼,突然哈哈大笑。于是大家也会意似的一阵哄笑,挽回了那个出乎意料之外的僵局。(茅盾《子夜》)

(4)但是出乎意料之外,他还没有走到堂屋门口,就被迎面走来的觉新看见了,觉新低声问他:"到琴那儿去了来,是不是?"(巴金《家》)

(5)记者发现里面确实正在公开贩卖盗版书,种类之多,数量之大,出乎意料之外。一家书店的经营者直率地说,几乎所有的小书店都是如此。(《人民日报》2003年12月3日)

(6)这一设计显得相对活跃,既出乎意料之外,却又在情理之中,因而使得整个题面对学生而言既熟悉又生疏、既有书本知识的准备却又必须超越书本知识之上展开现场的分析。(《中国教育报》2002年12月18日)

这是结构不同,但表意相同而又合乎规范的情形。

再如,"必须""必需"辨。

"须"和"需"音同而形义不同。"须"本义指胡须,常用义指"一定要",多显副词用法(如须要、必须、务须、须知、须采取措施)。"需"本义指遇雨停下来等待,常用义指"需要",现不单用,只能组成合成词或固定短语,显动词用法(如需要、必需、需求、各取所需)。因二者音同义近,常与几个共同的字组成的词也易混用。"必须"和"必需"就是其中的一对,很有辨析的必要。"必须"是副词,侧重于"一定得要",不这样做不行,只能用在动词或形容词前作状语,如"必须参加""必须早点来"。"必需"是动词,侧重于"一定得有",没有这种东西不行,多用在名词性词语前,可作定语、谓语和宾语,一般不作状语,如"必需的药品""植物生长必需阳光和水""这些生活用品都是日常所必需的",还可组成"必需品""必需元素"等词语。下面两句中的"必须"和"必需"都用得不对。

例如:

(1)不管你信仰什么,是否党员、先进,但你都必需做个好人,做个正直的人。(应该用"必须")

(2)发展市场经济,是建设有中国特色的社会主义所必须的。(应该用"必需")

这是语素不同,用法也不同的情形。

现代汉语中词语的使用是有着约定俗成的规则的,如果不了解它们的用法,往往会造成误用。

如,1998年高考语文试题特意从报纸上选了一例作为成语运用正误辨析选择题的干扰项:成都五牛俱乐部一二三线球队请的主教练及外援都是清一色的德国人,其雄厚财力令其他甲B队望其项背。此句要表达的意思是其他队难以比得上,故应用否定式。

具有同样用法的词语还有:等闲视之、相提并论、一概而论、等量齐观、同日而语、从来、释怀、置喙、置信等,使用时要在其前加上"不能"或"难以"。只有真正掌握了这些词语的用法,才不会导致错位的现象。

另外,如"不亦乐乎""不可开交"只能作补语,"赏心悦目"含使动意。

中国是文明礼仪之邦,人与人之间往来交际,谈吐举止讲究文雅庄重,由此遂形成了源远流长的礼仪传统和礼仪文化，这从汉语语汇里所存在的大量的谦词和敬词中亦可略窥一斑。谦词对己，置己于卑位；敬词对人，置人于尊位。一谦一敬间，礼数自见。如谦词类：蓬荜生辉、不情之请、不揣冒昧、敬谢不敏、抛砖引玉、忝列门墙、百无一能、狗尾续貂、绵薄之力、犬马之劳、美芹之献、班门弄斧、雕虫小技、门墙桃李、千虑一得；敬词类：鼎力相助、不耻下问、一言九鼎、汗马功劳。

（五）讲清词义形成的根据和方式

词义的形成也是有规律可遵循的，如"雪白、血红、柳绿"等词，结构上看都是表颜色的事物名称+表颜色的形容词性语素；从意义上看，都有比喻义，表示"像……一样"的意思，如"白"理解为"像雪一样白"，进而得知"桃红、柠檬黄"等词的含义。

再如，"左右"对举用语有特定内涵。

目前，一系列的"左右"对举用语正在流行，如："××在左，××在右""左手××，右手××""××向左，××向右"。那么，这些"左右"流行语究竟表达了些什么特定内涵呢？

在语言中，"左"与"右"本是两个相对的方位词，但它们常常代表着一种对立或矛盾。"左派"与"右派""左倾"与"右倾"，它们意味着政治上激进与保守、革命与倒退的水火不容。今天人们已充分认识到，无论在政治领域还是在社会、经济、文化生活当中，都存在着左与右的对立。这种左与右的矛盾现象往往表现为两种道路的不同、两种风格的迥异、两相独立的对峙、两相隔离的尴尬等。请看：

（1）忠和在左，郎平在右，和平终未第二次握手。（《北京晚报》2005年11月17日）

（2）理想工作是座围城，工作向左，理想向右。（《新京报》2004年2月16日）

（3）在一个路口，我们顿住了，高大醒目的路牌上，写着"沙特"和"巴林"，如同一道大大的选择题……如今，巴林桥一肩挑起了两个迥异的世界——左手沙特，右手巴林。（《南方周末》2006年6月22日）

上述例句表明，"左"与"右"不再是简单的方位区分概念，而是众多事物中诸多矛盾状态的借代符号。因此，"向左走，向右走"从它流行的那一刻开始，就不再只是反映都市寂寞人的爱情错位，而是泛化为空间隔离、思想隔膜、情感疏远、永远平行而无法相交的形象符号。同时，"向左走，向右走"在形象借喻中还满溢着两者无法趋同的无奈与尴尬，这种丰富的色

彩意义也是它的流行色之一。

左与右间并非只意味两者对立，还有一种对称性。正如手足有左与右的协调，鸟翼有左与右的平衡，几乎所有事物都能找到左与右的对称性，而当左右无法平衡时就会带来两难的无奈。如：

（1）居住在左，投资在右，向左还是向右，中产认为，左右都不为难，才是好楼盘。（《成都商报》2005年9月1日）

（2）向左走，向右走？面对四方瞬间突变的红绿灯，现在的田亮，不得不做出抉择。（《北京晨报》2005早1月19日）

（3）《左手倒影，右手年华》（郭敬明）

从上例可见，"左右两难"只是一种呆板、单调而直白的说法，一旦换成这些对举的"左右"流行语，不仅更形象、更鲜明，也更具丰富的表意性。一边是居住，一边是投资，找到平衡是抉择的智慧；投身商海还是回归国家队，这是迷惘在两难间的痛苦；一面咀嚼成长的痛苦，一面是憧憬未来的希望，这是生活的本色。一般人认为，左右对称是一种美；而在左右两难中找到平衡，既体验痛苦，又历练智慧、品味快乐，左右流行语在这里所昭示的生活真谛则更是一种美。

曾有苏轼"左牵黄，右擎苍。锦帽貂裘，千骑卷平冈"的豪情，曾有回娘家媳妇"左手一只鸡，右手一只鸭"的欣喜，也曾有冰心"爱在左，情在右，走在生命的两旁，随时撒种，随时开花"的至爱。应该看到，比较"一边××，一边××"的说法，如此"左右逢源"的表述方式更有情味，更有鲜活的色彩意义。

（六）品味词语，感悟语言美

佛曰："一朵花里显真性，一粒米里看世界。"教学中，教师引导学生认真品读课文，玩味词语，感悟语言美，这样既能积累语言又能提高学生的语感，且使学生得到美的熏陶。

叶圣陶先生提到，文学鉴赏还得从透彻地了解语言文字入手。这件事看起来似乎很浅，却是最基本的。基本的没弄好，任何高妙的话都谈不到。因此，中学文学作品的教学要以作品的语言体验为基础和出发点，有效地引导学生细读作品，品味出词句的意境和丰富含义，包括情趣、韵味、色彩、意象、音韵、气势等。

1. 从词语的含义入手

第一，理解临时意义，辨别不同义项。每个词语都有基本意义，在具体语境中，却常在词义、色彩、情感等方面受到限定，产生临时意义。下面一段中三个用下画线标出的"内容"所指示不相同的意义。原文如下：

在四千余年古国的中国，散文的<u>内容</u>自然早已发达到了五花八门，无以复加。我们只需一翻开桐城正宗的《古文辞类纂》来看，曰论辩，曰序跋，曰奏议……一直到辞赋哀祭之类，它的内容真是富丽错综，活像一部"二十四史"零售的百货商店。这一部《古文辞类纂》之所以风行二百余年，到现在还有人在那里感激涕零的理由，一半虽在它的材料丰富，但一半也在它的分门别类，能以一个类名来决定<u>内容</u>。但言为心声，人心不同又各如其面，想以外形的类似而来断定内容的全同，是等于医生以穿在外面的衣服而来推论人体的组织；我们不必引用近代修辞学的分类来与它对比，就有点觉得靠不住了。所以近代的选家就更进了一步，想依文章本体的<u>内容</u>，来分类而辨体。于是乎近世论文章内容者，就又把散文分成了描写、叙事、说明、论理的四大部类；还有人想以实写、抒情、说理的三项来包括的。（郁达夫《中国新文学大系·散文二集》导言）

文中下画线的三个"内容"：第一个指《古文辞类纂》对文章的各种分类，第二个是指由类名所决定的文章的内容，第三个是指文章自身的内容，它决定文章的体（分类），因此各不相同。

第二，联系修辞特点，理解词句的意义和作用。作者为了表达的需要，常会运用一些修辞手法（多为比喻）来表达深刻的意味。这样的词句，常常是含蓄难懂的。我们可以抓住比喻修辞的特点，通过将比喻还原为本体的办法来透过表象去领悟其中的深意。比如，解释下一段中下画线的词"群落"和"草菌"的含义。原文如下：

情感世界好比一座蓊郁的森林，其中有着多种多样乃至复杂微妙的<u>群落</u>，爱与恨也许是其中最壮美与最森严的<u>群落</u>，但除了爱与恨，人的情感森林里还会有诸如钦慕与嫉妒、欣悦与懊恼、痛快与惆怅、融乐与孤疑、满足与沮丧、祈盼与绝望等等互相纠结的乔木灌木藤萝<u>草菌</u>。大体而言，一个人的感情森林不可能只有单一的树种，也不可能都是"落叶林"或"常青树"，并且也不可能只有比如说钦慕这种明亮的情感苗木，而完全没有嫉妒那样的灰暗<u>草菌</u>。（刘心武《让情感的森林永远青葱》）

从字面上说，"群落"是指生存在一起并与一定的生存条件相适应的各种动植物的总称。文中的"群落"肯定不是这个意思，而是产生了临时意。细读文中这句话，我们可以看出它使用了比喻的修辞手法，把"情感世界"比作"森林"（喻体是"森林"，本体是"情感世界"），"群落"在这里也是一个喻体，我们还原本体，显然这里"群落"的意思是喻指人的一类情

器知技，技立器，器养道：技、器、道三位一体语文教学

感。同理我们可以知道，"草菌"喻指灰色暗淡的情感。

第三，根据文章的内涵，综合词语的多层含义。

例如，阅读小说《那团云雾》，简要分条列出题目"那团云雾"的几层含义。原文如下：

真见鬼！尽管他一遍遍地自我安慰，可缠绕在他心头的惆怅，仍像严严实实地包裹着天都峰顶的那团云雾一样，推不走，排不开。

他是来游玩的，却失落了兴致，那惟妙惟肖的巧石、苍郁虬髯的青松、清澈透明的流泉，在他的眼里，似乎只是一片空白。

早晨从北海下山，面对大自然的造化神工，他手舞足蹈，如醉如痴，每一个景点，他都细细品味，流连忘返，以至同行的伙伴们再也经不住他那磨蹭劲，先下山了，相约在玉屏楼等他。

可现在，唉——他深深地叹了口气。

他为自己而悲哀：堂堂五尺之躯，竟然被一件小事搅得心绪不宁，而且无法自拔。

确实是小事一桩——光明顶上，他花了一元钱从一位老太婆手里买了一袋云雾茶，可没到莲花峰，他就知道吃亏了，那里也卖这样的云雾茶，只要八角钱。

"真没出息。"他在心里又一次骂自己。现在几角钱算得了什么？加个夜班，少吃几根冰棒，或者……虽然他企图从愁云悲雾中解脱出来，可是不行，头昏沉沉的，一切思维都没了头绪，步履也越来越沉重了。

好不容易走到玉屏楼，他懒懒地坐在一棵松树下。对面有个地摊，不看倒也罢，一看心里更窝火：那里也在卖茶叶，和自己买的一模一样，可价格只有五角。

他又叹了口气，闭上了双目。

"你怎么才来？"不知什么时候，几个伙伴站在他面前。

他没有回答，下意识地摸着那袋茶叶。

"哟，你也买了云雾茶？"一个伙伴问。

他点点头，小声地说："刚刚……在这里买的。"说完他感到脸上有些发烧。

"那你可没吃亏，瞧，我们每人四袋，都是在光明顶买的，一袋要贵五角钱呢。"

"真的？"他眼睛里突然迸射出一道光亮，一阵莫名的欢悦使他猛地站了起来。怪呀，眼前的一切又显现出迷人的魅力，每一座山峰，每一棵青松，都像一幅绝妙的图画，在他的眼前跃动起来。

失去的兴致又在身上复归了，狂喜竟使他的心怦怦乱跳起来。

再看天都峰，峻峭宏伟，直插霄汉，看着，看着，他感到奇怪了：

咦，那团云雾呢？……

答案：①导致心绪惆怅的云雾茶；②象征心绪不安的自然景观；③心头的惆怅情绪。

2．根据作者的情感态度，把握词语情味

文章无外乎借助客观的景、事、物、人、史等来表达主观的情、理、志、趣等，我们完全可以紧紧把握这一条，理解文中以上两个方面的具体内容，对重点词语进行理解、品味或赏析。

例如，分析下面文段中下画线的"微笑"一词的内涵。原文如下：

隔天清晨，在焦灼不安的牵绊中抱着满怀美丽的企盼，去探望插在厅中的瓶花，在惶恐中生出惊喜，瓶中多了一朵直挺鲜红的花，散出淡淡的芬芳，灿烂地绽放着。

欢喜和赞叹的<u>微笑</u>缓缓地展现，原来有些花是不睡觉的，当我们在睡梦的时候，姿态脆弱的花不但没有睡意，反而在沉寂的夜里，一点一点，徐徐地发愤图强，终于盛开出来。

昨日以为只有两朵，今天突然多了一朵预期不开的花，而且绽开来竟是绚亮鲜明的红。向来不喜欢刺眼艳红的人，竟因此而对夺目的红色产生好感，真是璀璨动人的颜色。意外的收获往往令喜悦放到最大。

就像你一直在渴望见面却以为今生再也不会相逢的人，蓦然出现在你眼前，你那悲楚中的欣喜毫无言辞可以形容和表达。

答案：①对蓓蕾意外盛开的惊喜心情；②赞叹脆弱的蓓蕾不肯屈服、不愿妥协、坚持不懈、发愤图强的精神。

3．关注文章词语锤炼，分析用词特色

文学作品要表现其思想内涵，离不开作者对语言的精心锤炼，而语言的锤炼鲜明地表现为对词语的锤炼上。"词语是构成话语和文章最基本的独立单位，对话语和文章表达意义、渲染色彩、形成基调等至关重要。"列夫·托尔斯泰认为："语言艺术家的技巧就在于寻找唯一需要的词的唯一需要的位置。"

著名的语言艺术家往往会有其独特的语言艺术，而很多时候，这又体现在用词特色上。

例如，《阿Q正传》中的庄词谐用，大词小用，寓庄于谐。

鲁迅做人做事一向是十分严肃，但就是像他这样严肃的人物，却有着谐谑和善于谐谑的一面。他往往在最需要严肃的时候变得漫不经心，而在大可

以漫不经心的时候却严肃起来，不经意之间形成幽默讽刺的效果。《阿Q正传》第一章写到给小说作题目时，说："才下笔，便感到万分的困难了。第一是文章的名目。孔子曰，'名不正则言不顺'。"孔子的"正名论"，典型地表现了统治阶级的等级观念，是统治阶级的一个"庄词"，用在这里就有讽刺滑稽味了。在赵太爷眼中，阿Q连姓赵都不配，还配得上"正名"吗？再如阿Q到尼姑庵"革命"，老尼姑把庵门开了一条缝，说："革命革命，革过一革的，……你们要革得我们怎么样呢？"革命本来是一件重大而严肃的事情，但在假洋鬼子之流和阿Q眼里，只不过是"欺弱"。嘴里把"革命"当作"口头禅"，行的是"打砸抢"之实，"革命"在未庄已经严重变味。又如，"宣统三年九月十四日——即阿Q将搭连卖给赵白眼的这一天"。鲁迅故意将辛亥革命史上绍兴光复这一庄严事件，用阿Q卖搭连这件事来作补充说明，显得滑稽可笑。这一寓庄于谐的写法，充分说明在未庄，"革命"远不如一件日常生活小事引起人们关注，进而暴露了辛亥革命未能广泛发动群众的致命弱点，同时表明自己对革命的怀疑态度。

（七）进行新词教学

新词新语是观察社会生活的晴雨表，是反映现实的一面镜子。处于转型期的中国社会，其人文景观绚丽多彩。改革的大门开放以后，国外文化蜂拥而来，国内国外文化相互碰撞，彼此之间相互交融、相互渗透，产生了一批反映时代变革的新词新语。进入21世纪以来，我国的社会结构呈现出急剧的变革状态，新事物、新现象、新情况大量出现，现代汉语词汇也得到了空前的发展，出现了大量的新词。

寻找新词构成规律，预测其走向趋势，引导正确理解和使用祖国的语言文字，促进语言规范标准化，完全应该成为高中词语教学的重要内容。

有专家据语料库统计得出由修辞格形成的新词语有700多个，以比喻、借代、仿拟方式构成的新词语最为常见，此外，还有其他修辞方式如比拟、夸张、谐音构成的新词语。我们在教学中可以有意识地引用专家的相关研究资料，供学生阅读与思考，帮助学生正确理解新词，把握其来由或词义形成方式，进而意识到语言是发展的，而发展是有规律的，再进一步明白，语言是规范的，新词绝对不能乱造。

（八）熟语教学

熟语包括成语、谚语、惯用语和歇后语。熟语作为中国语言文化的重要组成部分，在高中语文教学中具有极其重要的位置和价值。

熟语一般具有两个特点：一是结构上的稳固性，即构成成分不能随意更换,如"明日黄花"不能改为"昨日黄花";二是意义上的整体性,即其意义是特定的,不能只从字面上去解释,如"不刊之论"就不能望文生义,解为"不能登载的言论"。成语、谚语、歇后语和惯用语目前尚无严格统一的界定,教学中在划分类别上不可过于钻牛角尖。

　　高考考查的熟语,生疏度是有所控制的,既非十分生僻,又非过于浅易。一般来说,出现在试卷上的熟语应是比较常见的;而且选项设置的语境,大多是经过强调的语境。教学中最重要的一条就是要趁早破除学生的畏难情绪,越早越好。因为高一学生中不少就因经历过中考复习而留下了熟语考查没有范围无从积累的顾虑。此外,教师还要花大力气整理一份语境因素强的资料,最好是高考题,并真真正正讲授清楚。

　　熟语重在积累,而积累是长期的,可惜的是,我们的学生不一定具有这种习惯。因此,熟语教学非常重要的是培养学生的积累习惯。教学中仅仅提供复习资料而任由学生去应付的做法是不负责任的。教师要做的是,要求学生随文识记,督促学生做好笔记,养成遇上难词即查词典并整理的良好习惯;一段时间后,教师要根据学生的整理,选择典型的熟语编制试题来对学生掌握的情况进行检测,以促使学生不断强化识记。

　　汉语熟语系统体现着中华民族的思维和认知模式、审美情趣和文化底蕴,是中华民族文化现象和文化精神的集中体现。对正确使用熟语的考查,实际也是对考生文化积淀的考查。熟语教学中,要重视文化内涵的讲解。如通过"人是衣裳马是鞍""穿衣戴帽,各好一套""半天云里做衣服——高才(裁)"等来分析"衣"文化;通过讲解"天时地利人和""天时人事两相扶""天要下雨,娘要嫁人——无可奈何"等来传递"天人合一思想"。

　　熟语积累是枯燥的,教学中最好能以丰富多彩的活动来增强学生学习的兴趣。在这方面,很多传统的做法是可以借鉴的,如成语接龙、讲述成语故事、看图猜成语、成语竞答、用成语猜成语等。另外,学生对俗语是比较陌生的,因此,可以开展向人民群众学习俗语的实践活动,如进行相应的研究性学习。

第三节　高中句子教学

句子是语言运用的基本单位,它由词、词组(短语)构成,能表达一个完整的意思,如告诉别人一件事,提出一个问题,表示要求或者制止,表示某种感慨,表示对一段话的延续或省略。句子和句子之间有较大的停顿,它的结尾应该用上句号、问号、省略号或感叹号。

一、高中句子教学范围

高中句子教学方面所涉及的考点或知识点有:病句辨析与修改、句子排序、扩展句子、压缩句子、句子仿写、句式选择与变换、句意理解、语句复位与句子赏析等。

二、高中句子教学目标

《普通高中语文课程标准(2017年版)》对句子教学提出了明确的教学目标:"在自主修改病句和分析句子结构的过程中,体会汉语句子的结构特点和虚词的作用,进一步领悟语法规律。在学习文学作品时,观察词语的活用、句子语序的变化等,体会文学语言的灵活性和创造性。""在运用口语和书面语表达的过程中,对比两种语体用词和造句的差别,体会口语与书面语的风格差异。"

三、高考对句子考查的要求

《2018年普通高等学校招生全国统一考试大纲》(语文)在"三、语言文字应用"中有如下相关表述:

辨析并修改病句
病句类型:语序不当、搭配不当、成分残缺或赘余、结构混乱;表意不明、不合逻辑。
在"二、古诗文阅读"中有如下表述:
理解与现代汉语不同的句式和用法

不同的句式和用法：判断句、被动句、宾语前置、成分省略和词类活用。

在"一、现代文阅读"中有如下表述：

理解文中重要句子的含意。

在"四、写作"中有如下表述：

有文采。

用语贴切，句式灵活，善于运用修辞手法，文句有表现力。

四、高中句子教学现状

高考对句子的考查涉及的考点不少，但除句子赏析会在高一、高二课文教学中随文而教外，其余一般只会在练习册中偶尔以题目的形式出现，至于集中或分专题的教学一般只是在高三。当然，在高三备考教学中还会有句意理解、赏析专题复习。

根据笔者的教学实践，高中生对成分的划分和句子类型有一个大致的印象，但难以达到较熟练的程度，尤其是对存现句、主谓谓语句等缺乏基本的认知。另外，学生对"把"字句、"被"字句的相关认识也不全。当然，至于在习作中如何运用适当的句子来表情达意更是缺乏具体意识与实操。

五、高中句子教学依据

高考考点或知识点中句子排序大都与逻辑相关，句子理解与赏析则可能与修辞相关，而其余则与成分划分、句子类型密切相关。

因此，在高中阶段进行适当的成分划分、句子类型等语法知识的教学和概念、判断、推理等形式逻辑和事理逻辑的教学是有必要的。

逻辑思维的强弱与语言理解、语言表达的好差是一种正相关关系。但高中有针对性地进行逻辑教学是否必要，还存在分歧。现实的情况是，高中会在病句类型"不合逻辑"的教学中对学生进行逻辑素养的培养。或许国家对高中生的逻辑素养没有明确要求，或是觉得逻辑能力可以在各科教学中共同培养，应该融入各科教学之中，当然，高考也的确不直接对逻辑进行考查，即使是间接考查也是常见的逻辑错误或问题。中学教材里面缺乏较为系统的逻辑教学，只有始于1988年的上海一期课程改革的S版教材编排了19项逻辑知识要点。它虽略嫌简单，但在高中语文教学时，为对学生进行必要的逻

辑思维训练提供了方便。有教师为了提高学生的逻辑思维能力，特意将分散在S版语文教材各册中的19项逻辑知识要点汇集起来，作为逻辑思维训练的教材印发给学生，通过专门安排课时教授和日常授课时的补充，提高学生的逻辑思维能力。

六、高中句子教学策略

（一）寓语法、逻辑知识教学于文章教学之中

如果我们不去讨论该不该教，而去考虑教什么或怎么教，我们在语法和逻辑教学中可能会更有作为。我们知道，语文教学就整体体式而言是文章教学，语音知识、文字知识、词汇知识的教学都必须在文章的"怀抱"中进行，而语法、修辞、逻辑知识教学都应寓于文章教学之中。关键是，我们在文章教学过程中如何切入和强化，如何展开更具针对性的训练呢。

（二）切实开展句子理解教学

除语法、逻辑知识教学要寓于文章教学中外，句子理解的教学则更是要依托一篇篇具体的文章了。以下是句子理解的四种方法。

1. 借助语法

理解单句，就要抓住句子的主干部分进行分析；理解复句，就要抓住表示特定关系的关联词语进行分析；理解特殊句子，就要抓住因句子成分的次序变动而突出强调的部分进行分析。例如，对句子"像米开朗琪罗画的摩西一样，托尔斯泰给人留下的难忘形象，来源于他那天父般的犹如卷起的滔滔白浪的大胡子"的理解，我们就可以用分析句子主干的方法来把握。

2. 借助修辞

有的句子运用了修辞方法，就可以根据所运用的修辞方法的表达作用进行分析理解。例如，对课文《规则和信用：市场经济的法制基石和道德基石》中的句子"规则和信用是市场经济的两大基石"的理解，我们就可以紧紧抓住比喻这种修辞方法，联系文章的论证内容来把握，形成以下答案：这句话运用了比喻论证的方式，将"规则"和"信用"比喻成市场经济的"两大基石"，突出表现了"规则""信用"对于市场经济的基础性作用。没有好的市场规则，社会主义市场经济体制就不可能建立起来；同时，市场规则的建立，离不开完备的法律规范，也离不开有效的道德支撑和约束。规则和信用共同规范着人们的行为和价值取向，两者共同作用、相互促进，对保证市场的正常运行起着重要的作用。

3. 借助人物形象

有的句子凸显了人物的事迹与精神风貌，把握了这一点，也就找到了理解句子的钥匙。例如，对课文《甘地被刺》中的"你来晚了"一句的理解，不就是甘地自身事迹和精神的高度概括吗？请看以下答案：这是圣雄甘地对凶手拉姆·纳拉姆所说的一句话，它表明圣雄甘地为印度民族独立事业已做出了力所能及的贡献，对他自己来说已无怨无悔，也体现了他那种视死如归的精神和对民族独立必胜的自信心。

4. 学会理解句子的"言外之意"

"言外之意"是某一语句在特定的语境中由作者临时赋予的意思，这种意思虽没有直接说出来，却是发话人向听话人传达的主要信息。根据语句的特点，教师可以指导学生通过以下的方法理解语句的"言外之意"。

（1）识别语句与语境的不协调，领悟言外之意。

当某一语句的字面意义与语境（交际中的话题、目的，双方的关系，场合等）不协调时，往往它就有了言外之意。

例如，潜台词指台词中所包含的或未能由台词完全表达出来的言外之意。请体会下面语段中画线句子的内涵，写出潜台词。

鲁侍萍：（泪满眼）我——我——我只要见见我的萍儿。

周朴园：你想见他？

鲁侍萍：嗯，他在哪儿？

周朴园：他现在在楼上陪着他的母亲看病。我叫他，他就可以下来见你。<u>不过是——（顿）他很大了，——（顿）并且他以为他母亲早就死了的。</u>

上面下画线句子的潜台词，就必须从周与鲁的冲突中来把握。从文中，我们知道了鲁的意图后，再结合周的态度，就能得出其潜台词：希望你认清现实（顾全大局），不要向他说破这件事，即便说了他也不会认你的。

（2）依据修辞方法，通过联想解释言外之意。

指导学生依据比喻、双关、借代等修辞方法，联系语句的字面意思和语境，通过相似、相关、相反的联想来解释言外之意。

例如，一作曲家带着自己创作的曲子向一位著名的音乐大师请教。在听演奏的过程中，这位大师不断地脱帽。演奏完毕，作曲家连忙问道："大师是不是家里太热？"大师说："不热，我有碰到熟人就脱帽的习惯，<u>在阁下的曲子中我碰到那么多熟人，不得不连连脱帽。</u>"要理解文中下画线的句子，就要抓住"熟人"这一比喻，抓住了，就不难得出正确的理解："作品中有许多抄袭的地方。"

又如，钢琴之王李斯特到克里姆林宫去演奏。演奏开始了，沙皇还在和别人说话。于是，李斯特停止了演奏。沙皇问他为什么不演奏了，李斯特欠了欠身子说："陛下说话，我理应恭听。"要理解李斯特那句话的意思，就要联系语境，通过相似联想来实现。

（3）分析语句省略的前提或结论，推断言外之意。

说话人为了把自己的真实意图表述得很委婉，常常把推论过程中最主要的内容省略不说，而只说推论中的前提或结论。因此理解这类语言现象造成的言外之意，可以通过分析出推论的过程，说出前提或结论，来推断出言外之意。

如下一题：

"言外之意"指话语里暗含的、没有直接说出的意思。请阅读下列语段，将画线句的言外之意写在横线上。（4分）

（1）传达室门口放着一只很雅致的花盆，司机小牛绕着花盆走了一圈，瞅着门卫张大爷问："张大爷，这花盆挺好看的，放在这儿可惜了啊？"张大爷面无表情地说："这是公家的东西！"

张大爷的言外之意是：_____

（2）司机小牛经常把轿车停在单位大门外，张大爷不放心，终于忍不住问小牛："小牛啊，把车停在这儿，不怕调皮的小孩子砸烂了玻璃、划坏了车子？"小牛不屑道："张大爷，这是公家的东西！"

小牛的言外之意是：_____

此题中，说话人只说了"前提"——"公家的东西"，而"言外之意"就是其"结论"："私人不能拿""坏了没关系"。

（4）从变换的句式中领悟言外之意。

陈述句、祈使句、疑问句、感叹句各自的表达功能是不同的，但陈述句和祈使句都能换一个说法来表示各自的意思，即变换成疑问句。这样变换过来的疑问句就有了言外之意。反问句用疑问句的方式表示确定的意思，也有言外之意。

有的疑问句，发话人和受话人关系不同，会有不同的言外之意；有时祈使句能变换成陈述句来表意。书面语中语句结构形式的变化也能表现言外之意。在理解这些类型的语句时要通过分析来读出它的言外之意。

例如，生活中，我们经常会发现，一句话除字面意义之外，还可能有类似于戏剧中"潜台词"的言外之意。请阅读下面两段文字，指出画横线句子的言外之意。

（1）唐柳跟同事李鸿渐在办公室聊天，唐柳说自己准备用一万元去买股票，估计五年后就会变成五十万，因为她在电视上看到过类似的例子。

李鸿渐抬起头看看天说："现在是白天还是晚上？"

文中下画线句子的意思是：你是在做梦吧？

（2）经理走到办公室，看见端坐着的罗姗，停下脚步，说："你今天怎么没迟到？"

文中下画线句子的意思是：你平时总是迟到。

此外，我们还可以从表达方式入手分析句意。比如，记叙文中的议论句往往起着画龙点睛、揭示记叙文主旨的作用。

（三）将句式教学与习作教学融合

句式，指的是句子的结构方式，如陈述句和反问句、陈述句和感叹句、祈使句和疑问句、长句和短句、整句和散句、主动句和被动句、肯定句和否定句、常式句和变式句、口语句式与书面语句式、约定俗成的正反句式等。汉语的句式灵活多变、丰富多彩。同一个意思，可以用多种不同的句式来表达，而不同的句式表达效果也各有差异。根据表达的需要，说话者恰当地选择句式可以增强语言表达的准确性、生动性和说服力。

句式教学的最终目标就是要通过恰当选择句式来表情达意，实现增强表达的效果。

选择句式需注意文体、语体、语境、语气、音节和感情等因素。

在平时的积累中要准确理解修辞格及句式的特点、功用；要懂得句子的组合是有严格的关系的：一是语法关系，二是层次关系，三是逻辑关系。在具体的选择过程中，要弄清楚句子间的关系。

选择句式，要注意八个方面：话题、风格情调、情理事理、时间空间、句式结构、指代、内容、音节。

在实际的教学中，这一部分内容往往在课文教学中赏析句子的时候零散地进行，或者在高三复习中以做题的形式展开。这种教学前者还涉及句式的表达效果，而后者往往只涉及句式特点，无法真正培养学生对句式的选择运用意识，更不用说形成相应能力了。甚至经高三一复习，学生会认为，句式教学在某种程度上就是玩文字游戏。

因此，在教学中，我们要有意识地强化句式实际运用练习，在进行课文教学时把句式教学与生活、习作教学结合起来，在高三专题复习时把句式教学与作文修改结合起来。

例如，在教授课文《我心飞翔》后，教师可以设题进行以下训练。

1. 赏析原文三个片段

（1）一句成段。如下。

"这一刻,我们期待得太久太久!"

"这一刻,我们激动的心狂跳不停!"

"这一刻,我们的心也随之飞翔!"

"这一刻,所有的语言是那样苍白!"

"喜悦与胜利的泪水夺眶而出!"

答案: 这些句子简洁有力,每句另行书写,独立排列成段,或渲染了激动的心情。

(2) 把强烈的感情融入叙述中,即属于间接抒情。如下。

时间正一秒一秒地向前推移,我们的心也随之怦怦直跳……

巨型运载火箭喷射出一闪橘红色的烈焰,托举着"神舟五号"载人飞船拔地而起,直刺苍穹。

答案: 在叙事中表达了对科学工作者由衷的崇敬之情、赞美之情。同时在这紧张的叙述中,我们也感受到作者的那种紧张心情,我们也不禁随着它的情感而激荡。

(3) 在句式中大量用短句。如下。

时间正一秒一秒地向前推移,我们的心也随之怦怦直跳……

8时59分,飞船发射进入一分钟读秒。指挥控制中心大厅里的气氛非常紧张。

"10、9、8、7、6……"扬声器里传来最后的读秒声。

"点火!"

"起飞!"

答案: 这些短句节奏快、音节急促,渲染了发射现场高度紧张的气氛,表现了人们高度兴奋激动的心情。

2. 选择或设想生活中的某一场景,运用上述技法,分别写一至两个片段又如,在《陈情表》教学完成后,可以设题进行如下训练。

1. 赏析精彩技法

一篇文章除了要有好的构思和内容外,语言的好坏也起到很重要的影响。《陈情表》语言十分自然真切,又用了不少四字句、对偶句、比喻句,有骈文整丽之工,朴实而又整丽的语言与真挚深沉的情感完美地结合在一起,做到内容和形式的完美统一。可以说,既是思想美的典范,又是语言美的典范。

2. 赏析高考范文

包 容

北京一考生

曾问滴水,是什么神奇的力量使得第一个生命孕育在水中?滴水不语。看过一滴河水在显微镜下,几十个小生灵的簇拥蠕动;看过海纳百川,雍容接纳千山万水的胸怀,我懂了,是包容让生命的种子款款入水,感悟这天地赐惠的哲理。

上善若水,汩汩的流水从古至今淙淙地淌过,将这自然之道浸润在每一寸土地里。齐小白饮到这水,忘记了管仲的旧过,终成一代霸业,李世民望这水,请来了李建成的旧部,终成一代明君……这水萦于宰相的胸怀,撑起宽容之船;这水绕在九土城郭,漾起和睦、大度的民风;这水流在每个人的身体里,于是华夏民族以它的博大胸怀屹立于世。

有容乃大,静静的水在说。于是森林包容了鸟群的焦躁,有了鸟语花香;山峰包容了草木的撩扰,有了郁郁苍莽;天空包容了星星的闪烁,有了幻漫星空;地球包容了生物的多种多样,有了生机勃勃的景象……

水面荡起的层层涟漪一环环扣击着人们的心弦,于是智者们明白了其中的蕴含。包容,意味着一种接纳,滤其渣滓尽取精华,又有哪个聪明人不做呢?学会了包容,路易·威登重新审视了"叛变者"的才华,营造了一支"返如"的队伍,品牌不倒,引领时尚;凯特制酒尝试了混合多种葡萄制造"杂酒"的方法,一举新创,震惊餐饮业。包容,囊括的是谨慎的审视,锐利的眼神和拼搏的勇气。但拥有包容的资本的人,必能用他博大的胸怀创赢他自己的财富,名垂千史。

历史如水,奔流而逝。历史是最包容的,它不在乎你的曾经,你的过去。历史上留下的是你的心,你最终的追求。因为包容,历史才能发展——正如因为包容,流水才能不止。

滴水不曾语,却道出了无穷的智慧。这也是水的包容吗?我不知道。我只知道纷纷雨下时,珠帘包容了整个世界;天上的浮云飘动时,包容了整个大地。这种大气磅礴的容纳,才是水最真、最本质的精神吧!

包容,引得深深玩味啊……

点评: "言之无文,行而不远",文采锦绣历来是文学作品追求的佳境。汉语言的美,美在声音、美在色彩、美在气味、美在神韵。所谓一字传神。本文的语言可圈可点之处、赏心悦目之处,比比皆是,美不胜收。用词精当传神,如"萦于宰相的胸怀""撑起宽容之船""漾起和睦、大度的民风"中的"萦、撑、漾"字;句式变幻多姿,长短句、问句、陈述句相映成趣,如结尾处"我只知道纷纷雨下时,珠帘包容了整个世界;天上的浮云飘动时,包容了整个大地",优美隽永,意味深长。

3. 技法训练

以"爱"为题,写一篇800字的文章,要求:感情真挚、见解精辟;语言富有文采。

语句扩展与压缩教学,一般教师在高三的专题复习中进行,学生很容易产生这样的感觉:语文教学不也是做题吗?

然而,语句扩展的不少题对于学生习作是有所启发的。如:

(1) 根据特定的情景增加词语,使下面的文字表现出特定的内容。

早晨,太阳发出光芒,树上的鸟儿鸣叫着,树下的流水流向远方。

①要求扩展后的句子要抒发主人公欢快的心情。

②要求扩展后的句子要抒发主人公苦闷的心情。

(2) 根据下列两种情景,按要求分别扩展语句,每段不少于20字。

①心情愉快时,看小草。(用一个比喻句)

②心情忧郁时,看小草。(用一个拟人句)

点评:这两道题对于学生习作怎样做到具体化、怎样在写景中融入自己感情是有借鉴意义的。可惜,教学中没有往这方面引导,更不用说根据这种设题方式来有针对性地选取学生习作中的典型语句进行相应的句子写作训练了。

我们知道,学生记叙文习作较为严重的问题之一便是不具体、没展开、欠生动。为了使学生作文具体化,除了利用扩展语句题设题形式选取学生习作典型语句进行句子训练外,我们还可以利用生活情景进行相应训练。

在这方面,有教师曾设计如下。

一、活动一:教师演示手拿一枚硬币,硬币从手中滑落,掉到讲桌上后又掉到地上。

1. 要求

(1) 每一个学生仔细观察这种现象,然后用一句话描写这种现象。

(2) 同学之间交流、分享。

2. 摘录例句

(1) 有一枚硬币从教师手中滑落,掉到了地上。

(2) 有一枚硬币从教师胖乎乎的手中滑落,掉到了讲桌上,然后又像一个小精灵叮叮当当地掉到了地上,在地上画了一个优美的圆弧后平静地躺在那儿。

3. 分析

在学生写的句子中你认为哪一句写得更好?原因是什么?第二句比第一

句增加了一些内容，说说增加了哪些内容。

通过讨论分析得出结论：第二句好。第二句不仅写出了硬币从哪儿掉下来，更写出了教师的手，硬币掉到地上的响声，还运用拟人的手法，写出了硬币的姿态，写出了情感。

4. 教师点拨

我们在课堂上要会听课：用耳朵去细心地听，睁大眼睛去仔细地看，张开嘴巴去详细地说，用心去细细地想，然后用笔去写写、记记——你看看你变得"聪"明了。在前面的学习讨论中，我们逐步扩充，最终使句子完整、生动、形象，这个方法我们不妨给它取名叫"步步追问"。用这个方法可以把内容写得具体一些。但是，在现实生活中，我们遇到的事情，能不能每件事情都去演示，都去追问？这显然是不可能的！有些事情我们不能去演示，只能通过联想和想象去解决，使情节更合理，我们不妨叫它"想象延伸"。比如，从"绿色"、王羲之"之"字的写法、"台阶"中你可以想到什么？

5. 学生讨论总结

由"绿色"想到"水、植物、春天、军人、生命、和平、希望、朝气、青春等"。

由王羲之"之"字的写法想到"要有个性、不要墨守成规、行行出状元等"。

由"台阶"想到"一切从零开始、成功的道路是不平坦的、人梯精神、永不止步等"。这样下来，我们的思维变得活跃了，视野变得开阔了，作文就变得好写了。

6. 教师点拨

我们每天生活在祖国温暖的怀抱之中，生活在亲人、老师、同学的关爱之中，生活在亲情之中，其乐融融。要我们去刻画一个人物的肖像，仅用两种方法是否可行？显然以上两种方法是不够的，我们必须对一个人的某一部位、某个方面进行精细的描绘，才能表现出这个人的独特品质，我们不妨叫它"局部雕刻"。（举例：《范进中举》中胡屠户的形象）

二、活动二：根据以上方法进行片段练习

（一）练习话题1：我惭愧

1. 公式

具体心理形象＝步步追问＋想象延伸

2. 注意

（1）是什么原因导致惭愧？

（2）惭愧时是什么表情？

（3）惭愧时是什么心理？

3. 学生练笔、师生互动、交流分享成果

4. 教师范文

我惭愧。我站在老师跟前，耷拉着脑袋，脸火烧火燎的，两只手没处放了，只是无意识地拧着衣角，两脚无力地支撑着身体，心里好像打翻了五味瓶，酸甜苦辣咸，什么滋味儿都有。同学们信任我，选我当班干部，我却做出这等丢人现眼的事儿，我对得起谁？是家里的父母，还是学校里的老师？我的目光在地面上搜寻着，如果有个缝儿的话，我一定会钻进去。

（二）练习话题2：既喜欢又讨厌的同桌

1. 公式

具体人物形象＝步步追问＋想象延伸＋局部雕刻

2. 注意

（1）喜欢到什么程度？

（2）讨厌到什么程度？

（3）为什么会有这样两重情况？

（4）特别注意人物刻画。

3. 学生练笔、师生互动、交流分享成果

4. 教师范文

"我以后就是你的同桌啦！"她边说边习惯性地搔着后脑勺，脸上挂着笑。我大吃一惊："和你同桌？"她耸耸肩，一脸无辜。有谁不知她是班上最大胆、最调皮的女孩儿呢？我有点畏惧。

日子过得很快。印象中，每天早读铃声响起时，她就会问我："准备好了吗？"我点点头，马上双手捂住耳朵。不一会儿，耳边骤然响起："组长收数学作业。"其声如雷霆乍惊，即使最懒的同学也会乖乖地交上作业。

三、作业：以"他在娘的脸上亲了一下"为话题，写150字左右的片段

这一设计实操性很强，技法指导与训练到位，很有生活味道，应该会得到学生的积极参与。其实，生活中的情景很多，借用这些情景，在学生作品的比较中辨别差异，总结技法，然后再推动学生练笔，应该说是依托语句扩展这一知识点来进行作文教学的一大法宝。

如上所述，扩展语句在学生记叙文写作中极富价值，而压缩语句、句式仿写则在学生议论文习作中具有不可忽视的意义。

毋庸置疑，学生在议论文写作中运用事例论证时，往往会叙述过多、过泛，这时，我们可以选择学生习作中典型的语句指导学生进行压缩语句或句式仿写的训练，以此来达到叙例简明扼要的教学目标。

例如，利用1994年全国考题进行事例论证的指导，帮助学生明确在叙

例中要紧扣观点来选择和表述相应的内容点。题目如下：

请在下面的横线上紧接上文再写一个句子。

古往今来，彪炳史册的杰出人物，都曾做出过非同寻常的努力，因而在事业上创造了辉煌的业绩。试想，如果没有李时珍跋山涉水、遍尝百草，没有他数十年如一日地搜集整理、笔耕不息，哪里会有药学巨著《本草纲目》的问世！_____

对学生议论文写作价值的分析：题目中要求考生"紧接上文再写一个句子"，这实际上是从内容和形式两方面所做的规定。从内容上说，应该举像李时珍一样在古今史册上有影响的人物，而且还必须写出这个人物不同寻常的努力及辉煌的业绩，更重要的是努力与业绩间要有直接因果关系；从形式上说，"再写一个句子"就是要求所写的句子要与上一句话的句式一致，必须有表假设的关联词语，有两个并列的否定句，结尾还必须用一个表感叹（或反问）的句子。

从学生答案来看，在内容上，学生容易出错的有以下几个点。对象错误，如写成"孙悟空"（是文学形象，不是历史人物）、"中国共产党"（是党组织，不属于人物）、"周杰伦"（是人物，但不是历史人物）、"郭侃"（不算彪炳史册）；有"努力"，但"努力"并非"不同寻常"；有"业绩"，但"业绩"说不上"辉煌"；"不同寻常的努力"与"辉煌业绩"两者都有，但两者间不存在直接的因果关系。从句式上看，如果能够有意识地选择有利于帮助学生形成"句式选择影响表达效果"意识的典型句子来比较，对学生议论文事例论证会有很好的指导意义。

通过以上指导，学生就会养成恰当选择句式、精要选择内容来进行事例论证的意识，练多了，也就成了习惯，进而成就素养。

议论文的主要任务是讲道理，要把道理阐释得深刻透彻，令人信服，里面的叙例只是为论证观点服务的，它处在配角的位置，它的篇幅不能太长，否则就会喧宾夺主，因而它的篇幅宜少而精，概括性宜强。要根据论点选择合适的角度去叙事，语言要凝练，要吻合观点。要增强文体意识，不要把议论文写成既像记叙文又像议论文的"四不像"。而学生一开始进行议论文写作训练之时，往往会受记叙文习作习惯的影响，把事例写得如同记叙一件事一样详尽、细腻，甚至还有不少与观点或论证毫无关系的细节。如有个学生在《立人方可成才》中引述齐秦事例，他是这样叙例的："齐秦，一个家喻户晓的歌手，他的歌声深沉稳重，缠绵的情意撩人心弦。可是，又有多少人知道他成长中的苦涩与感动，青年时代的齐秦并不像现在这样成熟。那个时候他也和其他年轻人一样狂放，一样喜欢闹争，性格不喜欢约束，也正因为这样,他总在外面惹麻烦,家里的人总是打骂,也不见他有所收敛,反而使他与家里人的感情出现了裂痕。齐秦离家,在外闯荡,不意踏进了监狱的门槛,这时的齐秦,走到了人生的低谷,心灰意冷。可是,齐秦是幸运的,他有一个做歌手的姐姐,是齐秦最亲的人,在齐秦入狱的那段时间,只有姐姐不顾工作的忙碌,总是大老远跑来看望他。在姐姐的真挚的劝说下,齐秦被感动了。齐秦出狱后从事了歌手的职业。"这个材料是典型的,但叙例的详尽、琐碎冲淡了论证的力量。这一部分几乎占了一页,其实把它压缩一半就可以清楚地说明问题了。

当出现这种问题时,如果教师只是反复强调,而不进行真正的压缩实操,教学效果不容乐观。教学中,教师宜精心选择学生习作中的错误典型,并在课堂中交由学生进行实实在在的删减与压缩的概括训练,然后组织学生反复进行习作的相应修改,方可有较好的收效。

同理,在变换句式的教学中,教师如能很好地融合作文修改教学来进行,教学效果也肯定会大不一样。

(四)切实开展节奏与句子教学

节奏是一种音乐美,和谐的节奏必然产生美感。清刘大櫆说:"文章最要节奏,譬之管丝繁奏中,必有希声窈渺处。"近代朱自清也说:"领悟文字的声音节奏,是一件极有趣的事……我读音调铿锵、节奏流畅的文章,周身筋骨仿佛做同样有节奏的运动;紧张,或是舒缓,都产生出极愉快的感觉。"句子有节奏,节奏在于句式,而整散句的结合使用能使文章节奏明快,舒缓自如,读起来朗朗上口,而且充满着抒情和论证的气势。在文章中,学会使用整散结合句,从语言效果上看,可以起到增强气势、调节音律的作用;从表达观点的角度看,可以起到使观点更加鲜明突出、更加具有说服力的作用;而从读者的阅读心理看,可以起到增强阅读兴趣、提高阅读效率的作用。

利用节奏进行句子教学,不能仅限于课文中典型语句的赏析,而应把它作为培养学生能力的真正的战场。

教学中,可以利用典型材料,归纳出整散句结合的方式及相应的例子和表达效果。如"论点(散句)+整句阐释":"凡是有生命的东西,和时间较量的结果都是失败。有的败得辉煌,有的败得悲壮,有的败得美丽,有的虽败犹胜,有的败得合理,有的败得凄惨,有的败得龌龊。"教师可以告诉学生:"本句的作者先点出自己的观点,然后用整句强化自己的观点。这样写的好处是突出论点,扩充文章的气势。"又如,"比喻(整句)+议论(散句)":"有青翠高大的松柏,有玲珑芬艳的野花,高与低,绿与红,点染完美的画卷；有如云朵飘飘的风帆，有如赤鳞翔浪的木船，枝与本，动与静，成就远航的轻骑。灿烂的阳光下，有'万类霜天竞自由'，也正是鱼与鸟、人与兽、雷与电、风与雨，补起乾坤中万象争荣的丽景。让参差咬合，长短互补，在竞争的天地间，让前进的齿轮运转！"教师可以告诉学生："本句的作者先用朗朗上口的整句营造一种美丽的抒情氛围，然后借散句引出自己的观点。这样写的好处在于：在生动形象的描述中，吸引读者的眼球，让论点的产生变得水到渠成。"接下来，教师再命制相应的习作训练让学生反复练习，以达到使学生最终能灵活运用整散句的教学目的。

（五）切实开展特殊句式教学

1. 文言文特殊句式教学

初中语文教学淡化语法，中考对文言特殊句式也不作要求，而高考对此却有明确要求，有明考，也有暗考，因此，加强对高中生的文言文句式教学就大有必要了。

文言文教学中，教师会反复强调读的重要性，也尽量安排学生去读，这有利于培养学生的语感，对于文言文句式的掌握确有帮助。但是，这样似乎还不够。我们可以加强文言文的诵读教学，并着意对学生进行诵读训练。我们还可以把文言文的特殊句式集中起来，甚至是让学生用它们来编故事，再好好地读与背。

文言文的特殊句式之所以特殊，是因为它与现代汉语的正常说法比起来不一样，但这并不是说，现代汉语中不存在文言文的句式。其实，现代汉语中也有特殊句式，就连口语中都有。因此，教学中我们完全可以以今知古，用成语中学生比较熟悉的歌词或是日常生活中常说的句子来帮助学生掌握文言文的特殊句式。

另外，高中生接受英语语法教学较为充分，教学中可以"洋为中用"，恰当引进英语句型来帮助学生学习文言文的特殊句式。

2. 现代汉语特殊句式教学

现代汉语特殊句式教学重在运用，可以采取专题教学和作文教学相融合的形式进行。教师在专题教学中先整理出课文中出现的特殊句式，例如：《荷花淀》里的"怎么了，你？"《祝福》里的"放着罢，祥林嫂！""也许有罢，——我想。"《罗密欧与朱丽叶》的译文把原文中经典的爱情对白里的状语"凭着这一轮皎洁的月亮"放置句首等，并引导学生进行充分的鉴赏；然后提出相应的作文教学要求，讲评中引导学生进行再一次的充分赏析。

句子教学当属语言实践教学，而最重要的语言实践便是习作，习作中最有价值的行动应该是对习作从遣词造句的角度进行修改。然而，现实教学中，学生这方面的积极性很难被调动起来。因此，教学中我们还要有其他的抓手，而选编精要的练习是相当重要的抓手，如果能以学生习作中的语言材料作为练习命制素材并做到一"点"（注意点或能力点）一练，教学的效果自然是最好的。

第四节　高中修辞教学

修辞教学包括修辞理论、语音修辞、词语修辞、句式修辞、辞格修辞、语体修辞和篇章修辞等内容。

一、修辞教学范围

什么是修辞？吕叔湘先生指出，修辞学，应该是在各种可供选择的语言手段之间——各个同义的词语之间、各种句式之间、各种篇章结构之间、各种风格或叫作"文体""语体"之间——进行选择，选择那适合需要的，用以达到当前的特定目的。张志公先生指出："修辞就是在运用语言的时候，根据一定的目的精心地选择语言材料这样一个工作过程。"由此看来，修辞一般包括词语的选用、句式的调整、修辞格的运用等。

二、高中修辞教学目标

《普通高中语文课程标准（2017年版）》与修辞教学相关的表述为："反思和总结自己写作时遣词造句的经验，建构初步的逻辑和修辞知识，提高语用能力，增强表达的个性化。""能凭借语感和对语言运用规律的把握，根据具体的语言情境和不同的对象，运用口头和书面语言文明得体地进行表达与交流。""能运用祖国语言文字表达自己的审美体验，表达自己的情感态度和观念，表现和创造自己心中的美好形象；讲究语言文字表达的效果及美感，具有创新意识。"

三、高考对修辞教学的要求

《2018年普通高等学校招生全国统一考试大纲》（语文）在"语言文字

应用"中有"正确使用词语（包括熟语）""辨析并修改病句""扩展语句""压缩语段""选用、仿用、变换句式""正确使用常见的修辞方法""语言表达准确、鲜明、简明、连贯、得体、生动"的要求；文学类文本阅读的"鉴赏评价"中有"体会重要语句的丰富含意，品味精彩的语言表达艺术""鉴赏作品的文字形象，领悟作品的艺术魅力"的要求；古诗文阅读"鉴赏评价"中有"鉴赏文学作品形象、语言和表达技巧"的要求；等等。其实这几块内容都可以归类于广义的修辞。

四、高中修辞教学现状

高中修辞教学存在着三大误区：只重视修辞格的教学，而较轻视遣词造句的训练；修辞的教学往往停留在辨识性、赏析性的训练上；修辞格的教学常常局限于高考的范围之内，也往往是死抠概念，脱离语境。

就修辞教学现实情形而言，除高三专题教学外，课文教学中渗透修辞教学是常态，而教材中的各类修辞材料是零散的，只能随文而教、随文而识、完全缺乏体系，不成系统。

五、高中修辞教学的依据

对学生来说，重要的不是告诉他这是什么修辞格，那不是什么修辞格，而是让他知道怎么用词、用语、用句。一个人的语文修养、语文水平，其实就体现在这个地方。我们通常讲说话要得体、要到位，不在于你是不是用了修辞格，更多地在于用词、用语、用句是否得体、到位。这是提高语文修养的根本所在。

在高中修辞教学中，我们要注意三大关键：一是落实语境意识，强化遣词造句的教学；二是要整体考虑，统筹安排，有计划地将修辞知识和课文教学结合起来；三是要重视修辞实操训练，把修辞教学真正与作文教学融合起来。

六、高中修辞教学策略

（一）以语境为纲，重视开发利用语境资源

在修辞教学过程中，应该牢固树立语境意识，并坚持以语境为纲的修辞教学理念，把语境资源的开发和利用作为修辞教学的重要支撑点。

所谓语境，是指影响修辞表达与理解的语言内外因素。在修辞教学过程中，具有转化为教学手段的可能性的语境因素主要包括：语言世界的上下文或前言后语（语音语境、语义语境和语法语境）、语体和风格等；物理世界的时间、场合、事件、主体、对象、话题等；心理世界的情绪、心情、欲望、潜意识、心理动机、语用目的等；文化世界的地域文化、文化心理、社会心理、时代环境、思维方式、民族习俗、文化传统、认知背景等。

以语境为纲是提高修辞教学质量、实现修辞教学目的的关键所在。

以比喻这一修辞为例，如 2008 年高考全国卷 I 第 15 题：根据上下文，解释"这些走过生死之劫的将军和士兵，便成了哲学家与诗人"的含意。

相关语段如下：

阳关，昔日丝绸之路上的一个关隘，原本不过是一道关，却被赋予了许多哲思和诗情。哲学家站在这儿宣称，即使人生从同一起点出发，也有不同的道路。"你走你的阳关道，我过我的独木桥"，抽象的对立概念如此生动地写在阳关之下。诗人站在这儿，与朋友依依不舍，"劝君更尽一杯酒，西出阳关无故人"，道尽多少离愁别绪和万般无奈。然而，最初在阳关道上留下足印的并不是哲学家与诗人，而是戍守边关的将军和士兵。这阳关古道对他们来说，无异于是一道生死关，归乡的路成了夜晚奢侈的梦，像阳关上的那弯月，清冷而高远。他们在这条原本传播文明的古道，冲冲杀杀……于是，这些走过生死之劫的将军和士兵，便成了哲学家与诗人，他们留下的点滴感慨，震撼着无数人的心灵。

思路演绎：这段文字主要写了哲学家、诗人、戍守边关的将军和士兵对生死离别的感慨，可谓凄凉悲怆。解题时应披文入理，析文入情。在文段的大语境中去探求句子的内涵，也就是抓住语句在段中的前后文去理解句子含意。我们把"他们在这条原本传播文明的古道，冲冲杀杀"和"他们留下的点滴感慨，震撼着无数人的心灵"等句子加以整合，就可以得出答案：出生入死的人生经历，使戍守边关的将军和士兵对生活有着深刻而丰富的感触，给后人留下了哲理和诗情。

又如，同样以"生活"为本体，出现过诸多不同的喻体："酒""网""麻""陷阱""没有返程的列车"，这些喻体在物理世界分别就是不同质的事物，它们之间就是依赖于一定的相似点联系在一起构成比喻的；而之所以不同人会用不同的喻体来描述"生活"，是由于出身、地位、修养、个性、年龄、经历、兴趣、心理等不同，表达主体对"生活"产生了不同的心理联想，从而获取"浓烈""复杂""乱糟糟"等不同的相似点。这就是将对心理、生活阅历等语境因素的分析作为促使学生尽快掌握比喻建构技能的重要手段，这就是以语境为纲作为修辞教学指导思想的具体体现。

以词语修辞教学为例，如《故乡的榕树》中的"在铅灰色的水泥楼房之间，摇曳赏心悦目的青翠；在赤日炎炎的夏天，注一潭诱人的清凉"一句用"青翠"充当动词"摇曳"的宾语，用"注""一潭"来搭配"清凉"，偏离了通常的话语组合，但这自然有作者的用意。"摇曳"的本来是"榕树叶"，正常语句应是"摇曳赏心悦目的青翠的树叶"，但这样写就一般化了，难给人留下隽永的记忆和韵味。课文是用借代修辞格来超常搭配的，借"青翠"指代"青翠的榕树叶"，创出了一种新奇的语言表达效果，通过加强"榕树叶"的"青翠"特征，与"水泥楼房"的"铅灰色"形成强烈的反差，激起读者的审美联想。"清凉"也是一种从心理、生理出发的感受，是抽象的、无形的东西，用动词"注"和数量词"一潭"来变异搭配，就增添了"清凉"的形象色彩，让"清凉"像有形的事物一样具体可感，"清凉"的再也不单纯是榕树的绿荫了，而是像一潭凉丝丝的清泉，沁人心脾。因为语境的作用，该例以词语的超常搭配，使这篇抒情散文语言如诗如画，文采斐然。通过具体的语境条件分析，就可以让学生感受到搭配手段选择的重要性及其所具有的积极效应。

（二）关注积极修辞教学，拓展修辞教学的外延

1. 关注汉字形体的修辞运用

无论是独体字还是合体字，它们的每一部分都联系着一定的意义，加上它本质的象形特点，可以说它的全身都散发着惹人联想的"味道"。因此，它的形体常常被人借用来或整体或拆解地赋予新意、寄予别解，或意会，或引申，成为汉语修辞大筵中独具特色的原材料和调味品，在汉语的修辞活动中发挥着重要作用。

有人对这一现象进行了分类，具体有以下几类。

（1）以形摹形，进而借形表意，即利用某些汉字结构简单独特、呈现出某种较为直观的图形的特点，来直接描摹那些形状类似的事物，并借助事物大体的形状特征，给人以形象具体的感受，收到言简意丰的视觉联想效果。

（2）解形示意，即通过对汉字形体的解说，可以说理、隐事、抒志、增趣，收到委婉、风趣等多种修辞效果。

具体可分以下四种。

①解形说理，即借助对汉字形体的拆解以阐释说明某个道理。这种修辞手法可以变深奥为浅显、变抽象为直观、化枯燥为有趣。

②解形隐事。这种修辞手法与双关、猜谜颇为类似，都是在显象的表达背后潜存着一个不曾说明的"台词"，这潜在的表义才是真实的意思所在，用来表达那些不便于直说、不必直说或不愿直说的意思。只是"解形隐事"所利用的"资料和凭借"仅限于字的形体而已。

③解形抒志，即利用汉字形体的表义偏旁，来抒发自己的心志或抱负。

④解形增趣，即刻意地将字形剖解并生发开去，借助联想，将自己"解嘲、戏谑"的意思同"表意"的偏旁牵扯到一起，以字形为道具，阐发自己另外的真实意思：或掩饰，或调和，或巧妙地改变话题……这种方式往往带有诙谐幽默色彩。恰当使用，可以活跃气氛，增强话语的亲和力和感染力。

（3）变形寓意，即通过更换一个部件（哪怕是一个"点"）进行的各种修辞活动。具体可分：①增笔变意，即在原来字形的基础上稍作增添以改变原意；②减笔寓意，即在原来字形的基础上稍作减损以改变原意；③转形增意，即把原来的字形调整一定角度，以汉字本身加方向或方位的组合来共同表意。如民间很多地方过春节时都有在门上倒贴"福"字的风俗，以寓意"福到了"。

更有人发挥奇思妙想，将上面几种汉字修辞方式综合起来表意，既有增笔、减笔，又有转形，组合成一个"形体修辞"的表义串，既含蓄诙谐，又引人入胜。

如传说中的古代尤孟娘写给恋人的情书：

长夜枕横意心歪，
月斜三更门半开。
短命倒（谐音"到"）今无口信，
肝长（谐音"肠"）望断无人来。

此诗别出心裁地利用汉字的长、短、横、斜、歪、倒等形体结构特点，加之以谐音的巧妙利用，委婉含蓄地表达了对恋人的思念之情，可谓韵味悠长，妙趣横生，将汉字的形体修辞功能发挥到了极致。

在教学中，我们可以借助网络资源，以其中某一份资料或整理一份较为系统的资料作为学生的学习材料，通过阅读、讲解或点拨来帮助学生消化，并发动学生依例收集其他典型例子。

2. 关注现代汉语词语活用现象

教学中我们还要重视文章中现代汉语词语的活用现象。现代汉语词语通过词形的改变、词汇意义的改变和词的语法功能的改变来实现词语的活用。词语的活用能使人耳目一新，引起听者或读者注意，具有重要的修辞意义和强烈的修辞效果。

在特定的语言环境中，临时地改变词语的基本功能，让它在句中充当其他类词。词的这种临时的灵活运用，就叫作词类活用。也可以说它们没有"字典意"，有着字典意以外的"临时意"。词类活用在古汉语中很常见。由于我国的语言史并没有脱节，除了成语中有这样的活用延续外，在现代文中这样的词类活用还不少。

例如，徐志摩《再别康桥》中的"但我不能放歌，悄悄是别离的笙箫"的"悄悄"本是形容词，这里用作名词，指这个难以名状的静寂。朱自清先生《荷塘月色》中的"没有月光的晚上，这路上阴森森的，有些怕人"，"怕人"是"使人害怕"的意思，这是形容词的使动用法。郁达夫《故都的秋》中的"北方人念阵字，总老像是层字，平平仄仄起来，这念错的歧韵，倒来得正好"，"平平仄仄"本指诗词的音韵，是名词，这里用作动词，意即推敲起字的韵律来。陆蠡《囚绿记》中的"它渐渐失去了青苍的颜色，变成柔绿，变成嫩黄，枝条变成细瘦，变成娇弱，好像病了的孩子"，其中"柔绿""嫩黄""细瘦""娇弱"都可视为形容词用作名词。

生活中这样的例子也不少，像说他人"很阿Q"，"阿Q"就是名词用作形容词，意思是像阿Q那样的一些品行。长沙曾有这样的一幅公益广告："你美星城我美你。"前一个"美"属形容词的使动用法，后一个"美"属意动用法，真是神来之笔。

3. 重视同义词的学习和使用

汉语的同义词非常丰富。例如，表示不同动物的叫声就有很多的同义词可供我们选择。常见的有龙吟、虎啸、猿啼、狮吼、狼嗥、马嘶、犬吠、鸟啾、蝉鸣等。如果在描绘这些动物的叫声时都用一个"叫"字，那我们的语言该显得多么枯燥而乏味。许多人在阅读时不注意积累词汇，掌握的词语太少，在说话或写作时往往难以收到好的表达效果。在现今的高中同义词教学中，往往是通过专题做一定量的练习来进行，学生沦为做题机器，大不了，只能看成是同义词的"学习"，偏离了语言学习是为了使用的宗旨。语文教学要改变这一现状，尤其是高中语文教学更不能止于此，而是要引导学生在同义词使用上下功夫、求效果。

在实际教学中，可以通过范例来引领学生，让学生明白写文章时如果能

恰当地选用同义词，可以使语言表达更加精确；而后组织学生以小组的形式讨论各自习作中的词语使用情况，找出文中表情达意不是太理想的词语，尝试用其同义词来替代，并一起赏析它们的不同表达效果。

以下可以用来作为范例。

（1）油蛉在这里低唱，蟋蟀们在这里弹琴。翻开断砖来，有时会遇见蜈蚣；还有斑蝥，倘若用手指按住它的脊梁（初稿作"脊背"），便会啪的一声，从后窍（初稿作"后身"）喷出一阵（初稿作"一股"）烟雾。（鲁迅《从百草园到三味书屋》）

（2）山舞银蛇，原驰（初稿为"驱"）蜡象，欲与天公试比高。（毛泽东《沁园春·雪》）

（3）今日洞庭，诗意盎然，彩笔难绘，简直是一个用珍珠缀（原稿为"砌"）成的崭新世界！（谢璞《珍珠赋》）

（4）月光如流水一般，静静地泻（不是"照"）在这一片叶子和花上。（朱自清《荷塘月色》）

4. 关注句式选择的教学

用词、用语、用句的好坏就在于能否在准确的基础上做到新鲜、生动、精当、有创意、有神韵。请看鲁迅《祝福》里对第一次和读者见面时的祥林嫂的描写：

她一手提着竹篮。内中一个破碗，空的；一手拄着一支比她更长的竹竿，下端开了裂：她分明已经纯乎是一个乞丐了。

现在我们的中学语文有"套路"，一讲就是作者介绍、时代背景、生词生字、段落大意、主题思想、写作技巧，等等。其实，这段描写用的都是短句，有许多问题值得我们、更值得引导学生去思考：①分号前的那个句子，能否改为意思差不多的长单句"她一手提着内中有一个空的破碗的竹篮"？能，为什么？不能，为什么？②分号后、冒号前的那个句子，能否改为意思差不多的长单句"一手拄着一支比她更长的、下端开了裂的竹竿"？能，为什么？不能，为什么？③"竹竿"前面的那个修饰语"比她更长的"能否删去？能，为什么？不能，为什么？④"下端开了裂"，能否删去？能，为什么？不能，为什么？

原文描写用的是短句，也就是我们说的流水句。看到这一句话，我就想到了这好比现在的电视电影镜头，一层一层往前拉，这就需要联系整个语篇，联系作者从哪个角度来描写祥林嫂，联系起来告诉学生为什么这样写就好。这样一讲，学生的语文水平就提高了。

5. 关注同义句式的教学

在语言表达中，因不同的语用需要，灵活选用不同的句式，是习焉不察的事。但作为高中生，在选择句式的时候，最好还是能既知其然，又知其所以然。从这个角度说，高中阶段的教师需要开展同义句式的修辞教学。

教师可以与学生探讨，某种句式适合表达什么样的意思，适合用在什么样的语境。

例如，以下三句：①我丢了钥匙了。②我钥匙丢了。③钥匙我丢了。虽然都是主谓式，虽然作为中国人，尤其是高中生，在人际交流中面对某种具体情形的时候也能正确选择其中的句子来作答，但是，放到具体语境中让他们来选择，他们有时还会犯浑。再说，对于高中生来说，进行同义句式教学的重点是对作品中的句子进行同义变换后加以赏析，以体味作品语言的精彩。

6. 关注节奏韵律的教学

任何一种语言的教学都与语言自身的特点有着极为密切的关联。现代汉语最为突出的特点是，汉语的音节构造形成了汉语特殊的节奏韵律。韵律在汉语词的构成、组词成句以及修辞语用等各个方面都起着重要甚至是决定性的作用。或许在小学阶段，教师会告诉学生相关概念，示范朗读，让学生有所体味；初中阶段则会划节奏、知押韵，偶尔还会就几个典型的句、段来个赏析；高中阶段则在诗词教学里面提及较多，大体也是随文而教，可能会有所拓展，但难言深化，也不曾做过梳理，更没有用来指导作文教学。笔者认为，对不少学生来说，高中阶段的语文教学是他们学校语文教学最后一个正规阶段，毕竟，大学语文的确不会得到应有的重视。因此，高中阶段的语文教学虽不能给学生一个完整体系，但至少不能仅给一个个点，如有可能，我们还是要设法将它们串成一根根线。如此说来，对高中阶段的语文教学而言，做一个韵律专题教学似乎有必要。

凡语言学习，学习者语感的形成和发展，靠的都不仅是语言知识的积累，而主要是靠语言运用的实践，在感受—领悟—积累—运用这一不断演进的过程中不断进步，韵律语感的获得和发展自然也不例外。如何进行现代汉语韵律节奏的训练，传统语文教育其实已经提供了非常值得借鉴和推行的教学方法：一为诵读，二为对句。在教学实际中，我们基本不进行对句训练，就算是朗读，很多时候都缺乏有效的示范指导管理，流于形式，非但不能达到强化语言韵律节奏训练之目的，反倒有可能产生负面的影响。改进我们的朗读教学和训练，增加或加强对句训练似乎也是我们高中教学所必需的。

汉语韵律还提醒我们，语文教学必须把语音、构词和句法统一起来才能达到最佳的效果。以下是文白对转的训练。

白话示例：她偷偷地爱班长爱了好长时间了，可是一直不敢跟他说。

词语对译：偷偷地爱——暗恋

好长时间了——已有多年

可是——但

一直——始终

跟他说——明言

书面结果：她暗恋班长已有多年，但始终不敢明言。

对于现代汉语受韵律强力制约这一突出特点，很多人未必有清醒的认识，也就很难有意识地从这一点出发去设计语文的教学和训练。像前面的这种对转写作训练，在我们的语文教学中恐怕是少之又少，很难见到。

7．关注语言变异现象的教学

语言是交际的工具，它有一个语用层级，在这个层级中，存在着一些有异于语言规范的表达手段，称"语言变异"。这些语言在交际中虽然受到语言规范的约束，但多数情况下，它们又是灵活多变的。在文学语言的教学中，我们时不时会接触这一现象，也往往会加以关注，但我们不一定会把网络流行语的变异情况纳入教学中。现实是网络流行语及其传播过程中的变异情况也十分常见，如语音变异："粉丝——fans""伊妹儿——E-mail""人——银（东北话发音）""什么——虾米（闽南语发音）""神马——什么""稀饭——喜欢""油麦——幽默""灰常——非常"。又如词语变异："潜水"原指一种水下运动，而随着"潜水"一词在网络上流行，它的意义早已发生了变化，它指的是在他人不知情的情况下，隐秘地观看共享信息、发布信息和回复他人信息而不主动表露自己身份的网络行为，一般多出现在网络聊天室或论坛中。"潜水"一词作为语言模因，其基本意义首先被人们接受，在大脑中同化、记忆，然后当运用到网络上时，根据语境和使用者的需要，提取了词语本义中的隐喻义，从而变异成具有新意义的网络流行语。

还有语法变异，如，"门"本义指建筑物的出入口或安装在出入口能开关的装置。它在汉语中是一个成词语素，一般是用作词根而不能用作词缀的，但是，由于美国"水门事件"（水门丑闻）的发生，演变出了很多说法，逐渐变成一种词后缀，用来代指极具爆炸性的丑闻。例如，"艳照门""奶粉门""代言门"等。此种模因现象也是在语言模因传播过程中意义逐渐发生改变或新添意义的基础上而产生的语法变异。

网络流行语的语言变异现象是一定社会条件作用下、一定历史时期的产物。它是一种言语现象，也是一种社会现象和文化现象，对它应做全面审视、具体分析，教师不宜做简单的肯定或否定。随着时间的推移，符合交际需求的词语变异形式会保留下来，成为经典语言，而不符合规范的词语变异现象，则会在"约定俗成"中自然而然地淘汰掉。教师要做的是，关注这种语言现象，引导学生发挥其积极效用，教育学生在使用网络流行语时，要尊重汉语的纯洁性和规范性，应抵制低俗化和粗鄙化，不要随意跟风、盲目模仿；要追求真情实感和文化底蕴，要拥有积极向上的时代气息。

8. 关注冗余信息的教学

语言中有时那些看似并不经济、显得多余的成分，其实恰是语言运用中所必需的：它不仅可以避免语言在传输时发生错误，而且还会增强语言的表达功能，强化语言的修辞效果。在实际教学中，我们往往强调简明，而忽视冗余，尤其在高三病句教学中的成分赘余和简明这两方面知识的训练中，大部分教师都不涉及冗余，使学生本来在课文教学中获得的关于冗余的朦胧意识可能灰飞烟灭，最终让学生产生语言表达完全不可重复、冗余的错误认知。其实，语言在它的每个层面上，都存在着冗余或重复。在教学中，教师有必要区分消极意义和积极意义的冗余，同时给学生建构冗余在汉语修辞中积极意义的体现体系，并讲清楚其作用，也可以引导学生有意识地在习作中恰当运用。

（三）拓展、深化修辞手法教学

修辞手法的教学是高中语文教学的重要内容。若深入探究，会发现每一篇课文都有修辞手法的踪迹，《2018年普通高等学校招生全国统一考试大纲》（语文）有"正确使用常见的修辞方法"这一考点，并清楚地界定了常见的修辞手法共考查9种：比喻、比拟、借代、夸张、对偶、排比、反复、设问、反问。

在教学中，教师大多重视的是学生对修辞手法的辨析，并不太重视学生对修辞手法的灵活运用，学生学会了判断用的是哪一种修辞方法，也知道了修辞方法的一些表达效果，做关于修辞的题也有模有样，但无法恰当地运用。于是，学生作文为排比而排比、胡乱比喻的现象严重，致使文章华丽而不真实，显得矫揉造作。

修辞手法的教学不能局限于高考大纲提及的9种，对于一些常见的方法，如双关、通感、反语、顶真等也应随文而教；不能仅因题而讲，设题而练，更切忌仅以教师的举例和讲解来展开，而应更多地让学生自己来发现、分析与体味，甚至可以有更灵活的教学方法，如同一题材文章的修辞手法比较，强化修辞方法运用课堂训练，引导学生向人民群众学习修辞方法，以学生习作为蓝本组织学生在修辞手法的运用上比较鉴赏，把修辞手法的教学纳入研究性学习中，让学生去发现和整理校园生活中显现的修辞手法，让学生

探讨习作中运用修辞手法所产生的不同的表达效果等。

文学作品有着丰富的艺术手段，这些手段离不开汉字的有效使用，而这些手段的使用也让汉字的艺术效果实现了质的飞跃。例如，诗歌就涉及汉字语音，其中平仄、押韵就是直接表现。而一些修辞手法，如对偶、排比、顶针，尤其是对仗，也是汉字使用的技法，同样具有其独特的艺术魅力。这些艺术手段的分析、欣赏、品味，可以让学生对汉字产生更加强烈的好奇，更能认同汉民族文化。

（四）形成修辞教学序列

最后说一点关于修辞序列教学的问题。长期以来，修辞教学一直处于"打乱仗"的状态，"东一榔头，西一棒子"，此册重复，彼书遗漏，缺乏科学的教学序列，缺乏计划性、阶段性和层次性，而且往往只注重分析、判断，忽视灵活运用。为了尽快提高中学修辞的教学效率，避免重复和缺陷，全面提高中学生的修辞水平和修辞能力，有人建议中学语文教材建立修辞教学的科学序列；有人还进一步指出，修辞教学既可以按"词语锤炼—句式选择—辞格运用—篇章结构"的序列来确定，也可以按"文章的结构—材料的详略—句式的选择—词语的推敲"的序列来编排；而作文教学中的语言训练，其序列应该与阅读中的修辞熏陶协调一致、同步进行。

（五）关于篇章修辞教学

在高中篇章修辞教学中，教师关注得更多的是文章结构安排，总是花不少的时间分练各种结构模式，甚至可以说，这一内容的教学垄断了篇章修辞教学。其实，这就陷入了误区。结构训练固然是必不可少的，但文章大体上的结构是很容易掌握的，更重要的是它不完全符合学情，理由如下：一是因为对素材的积累不同，对内容的认知有别，体现在行文结构上自然也不同；二是难以选择恰当的作文题来配合特定的结构训练；三是容易使学生为套结构而僵化思维。在结构教学中，教师要讲清楚，结构的选择与作文题目、写作素材、作者的认知甚至是写作要求密切相关，而在结构的采用上，更重要的是根据自己写作文时的审题、立意、选材、个人的认知来具体判断。

在篇章修辞教学中，教师还要关注以下几点：一是段间关系、层间关系；二是段落的长度；三是语体语言要求。不过，前两者的重点在个体教学，而语体语言的要求则是教学重点。关于语体语言要求，笔者在本书第六章"技、器、道三位一体作文教学"中将详细阐述。

笔者认为，修辞即运用，只有在"用"中，在反思、总结中才能习得要领，形成能力，并最终建构自己较为清晰的"经验"。反思、总结离不开教师的引领，而"用"则必须回到学生自己的习作。

第三章
技、器、道三位一体古诗文阅读教学

文言以单音词为主，古今词义有变化，古今语序有不同；古人说话、写文章言简意丰，态度谦恭；古人在文章中常用通假字，文章中的语气、语意常常借助虚词来表达。恰当的文言文（"器"）教学既让学生感受到古汉语的风格、习惯（"技"），又能让学生体验到文言佳篇的文章旨趣、思想感情，培育学生热爱祖国语言的思想感情，弘扬民族精神，增强学生语言功底，培养学生文化底蕴（"道"）。

古典诗词言简意丰，具有凝练和跳跃的特征（"技"），"诗家语"（"技"）含蓄、形象、跳跃、夸张、凝练、富有音乐性；中国古典诗歌中题材相同的诗可能情感相近、手法（"技"）相似。而一首诗各要素应是一个整体（与"技"密切相关），古诗词教学可以培养学生的文化认同感，让学生得到美的享受和思想情感的熏陶，让学生真正认识和理解传统文化的合理内核与价值，激发学生热爱祖国传统文化，并接受人文陶冶，从而自觉地接受优秀的传统文化（"道"）。

第一节 高中文言文教学

中学文言文教学一直是困扰中学教师的难题，相当多的中学生对文言文的学习没有兴趣或感觉吃力。随着课程改革步伐的加快、新课程标准的实施以及高考的现实要求，文言文教学的这个难题更为凸显。

一、高中文言文教学数量

从课文占比上看，以广东基础教育课程资源研究开发中心语文教材编写组编写的高中语文教材为例，必修 5 册书共 20 个单元中，古文占 3 个单元，即占整个单元数的 15%。古文的 3 个单元共有 18 篇文章，占必修 5 册书总篇数 95 篇的 19%。在选修教材中，《唐宋散文选读》全是文言文；另外，《传记选读》《短篇小说欣赏》均有一定比例的文言文。

更重要的是，在实际教学中，多数学校都会选择上述 3 本选修教材且进行统一教学。不少学校在高三复习前，还会选择其他版本教材中的文言文来进行补充教学。

《普通高中语文课程标准（2017 年版）》在"学习任务群 5　文学阅读与写作"中明确"课内阅读篇目中中国古代优秀作品应占 1/2"。

二、高中文言文教学目标

《普通高中语文课程标准（2017 年版）》对高中文言文教学目标的表述如下："通过文言文阅读，梳理文言词语在不同上下文中的词义和用法，把握古今汉语词义的异同，既能沟通古今词义的发展关系，又要避免用现代意义理解古义，做到对中华优秀传统文化作品的准确理解。""梳理所学作品中常见的文言实词、虚词、特殊句式和文化常识，注意古今语言的异同。""就传统的历史价值、时代意义和局限性等问题，用历史和现代的观念进行审视，表达自己的看法。"

三、高考文言文考查要求

《2018 年普通高等学校招生全国统一考试大纲》（语文）对古诗文阅读，提出了考查要求，直录如下：

阅读浅易的古代诗文。

1. 识记 A

默写常见的名句名篇。

2. 理解 B

（1）理解常见文言实词在文中的含义。

（2）理解常见文言虚词在文中的意义和用法。

常见文言虚词：而、何、乎、乃、其、且、若、所、为、焉、也、以、因、于、与、则、者、之。

（3）理解与现代汉语不同的句式和用法。

不同的句式和用法：判断句、被动句、宾语前置、成分省略和词类活用。

（4）了解并掌握常见的古代文化知识。

（5）理解并翻译文中的句子。

3. 分析综合 C

（1）筛选并整合文中信息。

（2）归纳内容要点，概括中心意思。

（3）分析概括作者在文中的观点态度。

以上的考查要求表明，高中文言文备考教学的重点是词句教学和常见的古代文化知识积累。

四、高中文言文教学现状

一般认为，与现代文相比，文言文多了语言、文化背景等方面的障碍，学生学习起来难度较大，没有一定的基础、不集中精力很难顺利阅读，因而学生对文言文多有畏难情绪，不喜欢学习文言文。浏阳市教育局教研室的陈文老师曾对所在地的全市高一学生文言文的学习情况、高一语文教师的文言文教学情况做了一次专项问卷调查，在回收的 1 413 份学生问卷中，对"你喜欢学习文言文吗？"这个问题的调查结果是：62.9% 的学生表示喜欢程度一般，3.7% 的学生表示不喜欢，34.5% 的学生表示喜欢；在被调查的教师中，56.6% 的人回答喜欢程度一般，8.4% 的人表示不喜欢，35% 的人表示喜欢。据此，陈老师得出一个结论："无论学生还是教师，对文言文的学和教都还存在兴趣不高的问题。"

在文言文教学中，对于以"文"（指文章）为主，还是以"言"（语言，主要指文字）为主，历来存在分歧。当然，也有许多人从其他的角度或层面进行了文言文教学的探讨，而且已经有了许多里程碑意义的好课例。例如，张必锟执教的《五柳先生传》是文言文诵读教学的经典；黄岳洲设计的《岳阳楼记》教案是深挖古文知识的代表；沈蘅仲执教的《六国论》是扩大文言文文化内涵和教学视野的典范。

然而，文言文教学效果确实不尽如人意。历次大纲都要求学生能阅读浅易的文言文，而实际上，经过了中学六年的学习，高中生阅读浅易文言文依然困难重重[1]，甚至许多中文专业的大学生阅读《左传》《国语》《论语》《孟子》《荀子》等著作也相当吃力。教师花了那么多课时，下了那么多功

---

[1] 作为学习的终端，高考的答卷情况很有说服力。有关数据在此不再列举。

夫，却没能达到预定的目标。一句话：高耗低效。

在实际教学中，教师确定的文言文教学目标多集中于古汉语知识。为了实现这样的目标，教学中常见"见言不见文"，采用传统的串讲法剖词析句。担心知识教学有遗漏，教师忙于"字字落实，句句清楚"，很少有时间让学生进行阅读实践。往往是一篇文章上了几节课，学生记了一大堆实词、虚词、特殊句式，却不能把文章很好地读出来，更谈不上对文章的体味和鉴赏。

高考考查的上述要求，必然带来文言文教学中过于强调实词、虚词、句式的意义或用法等古汉语知识的传授。而正如在现代文教学中若一味追求语文知识的系统完整将无益于学生语言理解和运用能力的提高，这种教学也无益于学生文言文阅读能力的提高。因为语言能力的核心是语感，而语感只能在大量的言语实践中形成。和现代文相比，文言文学习需要更多的阅读以培养文言语感，更强调言语实践，特别强调朗读和诵读。

还有一些教师在知识教学之外，再加上现代文中盛行的解剖分析。这样看起来有"言"又有"文"，但学生实际上得到的只能是一些空洞的概念。这样的教学，既不能让学生感受到古汉语的风格、习惯，又不能让学生体验到文言佳篇的文章旨趣、思想感情。

五、 高中文言文教学依据

古文归属《普通高中语文课程标准（2017年版）》"学习任务群8 中华传统文化经典研习"。该任务群旨在引导学生通过阅读中华传统文化经典作品，积累文言阅读经验，培养民族审美趣味，增进对中华优秀传统文化的理解，提升对中华民族文化的认同感、自豪感，增强文化自信，更好地继承和弘扬中华优秀传统文化。其具体的学习目标与内容有以下五点。

（1）选择中国文化史上不同时期、不同类型的一些代表性作品进行精读，体会其精神内涵、审美追求和文化价值。

（2）在特定的社会文化场景中考察传统文化经典作品，以客观、科学、礼敬的态度，认识作品对中国文化发展的贡献。

（3）梳理所学作品中常见的文言实词、虚词、特殊句式和文化常识，注意古今语言的异同。

（4）阅读作品应写出内容提要和阅读感受。选择一部（篇）作品，从一个或多个角度讨论分析，撰写评论。

（5）学习传统文化经典作品的表达艺术，提高自己的写作水平。

多年来，语文教改呼声很高，但涉足文言文教改者不多。不少走在教改前列的优秀教师，上公开课时，讲的往往都是现代文。一些教师意识到现行文言文教学的弊端，但是由于先前的一套简单易行，且应付考试尚可，也就心安理得地照旧了。《普通高中语文课程标准（实验）》的施行使一些教师尝试文言文教改，把竞赛、辩论等方式引入教学，对培养学生自学能力、竞争意识进行了有益的尝试；但教学仍局限于落实《普通高中语文课程标准（实验）》明确的中学文言文教学目标——"能借助工具书阅读浅显的文言文"。况且这种做法可操作性不强，不易推广。因此，目前中学文言文教学仍未走出怪圈：以知识为中心，偏重于讲解翻译。

六、 高中文言文教学策略

不同课程具有不同的价值取向和育人功能。有的以开发智力、训练人的心智与操作技能为主要任务；有的以陶冶人的情感、情操，提高人的人文素养为主要任务；有的则可以训练人的动作技能、技巧为主要任务。① 新课程改革的理念是"要有强烈的（课程）资源意识，去努力开发，积极利用"。毫无疑问，教材是素材性课程资源的重要载体，其开发和利用的重点是研究和处理教材，发挥教材的多种功能。② 因此，文言文教学也应把握文言文的社会功能，方可提高教学效率。

文言文的社会功能十分广泛，大致表现在以下几个方面：①它是研究历史的切实保证。利用文言文的工具研究历史，可以从中获取经验教训，更好地为现实服务，推进我们的各项事业发展。②在弘扬民族精神方面，它是民族精神支柱。孔子的"克己复礼"、孟子的"舍生取义"、岳飞的"精忠报国"、文天祥"丹心照汗青"，这些超越时空的精神正是通过文言文这一载体代代相传，至今仍在激励着后生学子。③它是培养人们审美情趣和文学鉴赏能力的工具。诵读文言文可以激发浓郁的高尚情愫，产生对祖国、中华民族的无限热爱、依恋，从而形成深刻的爱国主义情感，并随时化作重振河山、抗击入侵者的力量。

因此，文言文教学的目的不能仅仅停留在"懂"的层面上，同时应以增强学生语言功底、培养学生文化底蕴为目的。

为落实这种工具与人文并重的教学观，文言文教学应注意以下几个方面。

---

① 段兆兵. 课程资源的内涵与有效开发 [J]. 课程·教材·教法，2003（3）：26-30.

② 吴忠豪. 语文课程资源的开发与利用 [J]. 课程·教材·教法，2004（11）：60-63.

（一）重视主体，学知促能

首先，改变过去程式化的文言文教学模式，让主体意识处于抑制状态的学生在学习中"行动"起来，充分发挥他们的主体作用，让他们主动学习。

根据保加利亚心理学家洛扎诺夫的教育心理学原理，人的学习活动不仅仅靠大脑皮层结构，而且是在情感和潜意识的共同参与下进行的，是潜意识与显意识交替的心理活动。当潜意识和显意识处于和谐的相互作用的状态下，学习效益就会成倍提高。重视学生感性的、直觉的、潜意识的心理活动，充分发挥学生的学习积极性，是教师义不容辞的责任。在文言文教学中，要让学生的主体地位在课堂上得到真正体现，把课堂还给学生。教师可以把学习的要领、注意事项（譬如文言以单音词为主，古今词义有变化，古今语序有不同；古人说话、写文章言简意丰，态度谦恭；古人文章中常用通假字，文章中的语气、语意常常借助虚词来表达；等等）给学生讲清后，让学生自己去读和品味，从而把握规律，并获得文言文阅读的能力。

其次，学习字词句，是文言文教学的重点。改革文言文教学法应把教学的重心从串讲、翻译课文转移到字词句的学习上来。这里说的字词句，主要是指文言文中与现代汉语意义、用法不同的实词，文言虚词以及文言句子的特殊形式。串讲、翻译课文并不意味着学习了字词句，反而会使字词句的学习湮没在整个翻译过程及译文中，学生无法掌握基本的"建筑材料"（词语）和"建筑方式"（句式），当然谈不上知识的迁移，也就形成不了能力。再说，逐字逐句去讲解、整篇去翻译，只会扼杀学生学习文言文的兴趣。

在课堂上，教师应该以点拨式的字词句教学带动整个文言文的教学，要把理解词语、掌握句式放到最重要的位置，抓住基础的、带有规律性的知识，深入浅出，让学生好接受，能够举一反三、触类旁通，让学生每堂课都有所得。学习时，既要重视字词的把握，由微观到宏观地理解文意，又要重视根据整体文意进行微观猜读，由宏观到微观地把握字词句。① 例如，《后汉书·光武帝纪》中有这样一句话："诏复济阳二年徭役。"其中"复"这一词语，不少学生把它解释成"恢复"，根据的是《捕蛇者说》里有"则吾斯役之不幸，未若复吾赋不幸之甚也"。但这种解释是错误的。试想，光武帝刘秀的父亲刘钦曾做济阳令，刘秀出生在济阳，如果在此之前济阳不征收赋税，刘秀做了皇帝反而恢复征收，这在家天下的封建时代可能吗？在封建时代，皇帝免收自己家乡或宠幸之地的赋税，倒是常有的事，如汉高祖回故乡时，当场宣布免收沛郡的赋税，沛人又为丰县请求说："沛幸得复，丰未复，

---

① 张超. 2005 年高考语文复习方略［J］. 语文月刊，2005（1）：98-100.

唯陛下哀怜之。"可见，"复济阳二年徭役"之"复"应解释成"免除"才合情理。在这基础上，教师再提供几个例子，让学生根据上下文或一些文言常识，解释重要词语，以培养学生准确释义的能力，甚至可以总结出文言文中的"反训"这一词汇现象。这种阅读练习不但教会了学生如何解决新问题，培养了学生学习词语的语境意识，又丰富了学生的词语积累。

　　古今汉语的不同，有的是殊别，有的是微异。常常有教师认为，殊别是文言文教学的重点，其实不然。殊别容易处理，学生只要查书记诵就可以解决。因为殊别之处往往是学生根本不懂的词句，学生自然会有查书问师的需求，而对答案的记忆是伴随着获得解答的过程进行的，具体的获得解答的过程一般都会加深学生的印象。对微异的处理才特别应当引起教师的注意。一方面，微异之处教材中往往没有加以注释，正需要教师自己加以阐明。另一方面，教师对微异之处的讲解，往往使学生有境界层进的感觉，对激发学生学习文言文的兴趣有非常直接的作用。例如，《廉颇蔺相如列传》："璧有瑕，请指示王。"从词义上看，这句中的"瑕""请""指"都有需要讲解的地方。教材为"瑕"做了注释："［瑕（xiá）］玉上的斑点，疵病。"这是因为注者认为"瑕"是殊别，在现代汉语中既不单用，又不常用，所以特别注出。其实如果教材不注，学生不知"瑕"义，自然会查工具书或向教师询问，并获得"瑕不掩瑜""瑕瑜互见""瑕疵""瑕玷"等知识，从而记住它的用法。"请""指"的情况就不同了。"请"在古今汉语中有"请求"义，用来表示请求对方做某事；但在古代汉语中"请"还常常用来表示请求对方允许自己做某事；这儿就是蔺相如请求秦王允许自己"指示王"。这是与现代汉语的微异，正因为是微异，教材没有出注。而一旦教师指出了这是微异，也就是"请"的实际含义，学生会立即体味到自己原先的理解与古人实际表达的意义的差异。这样一来，除了教师的话语权威得到加强，学生对文言文的兴趣也可能大大增强。"指"在这儿是"用手指出"的意思，与"请"一样，也是微异，都需要教师的点拨。否则，学生有可能误以为"指示"就是今天"发出指示""领导指示"的"指示"。对一些教材已经注明但学生容易忽略的微异，也应加以特别提醒。如《烛之武退秦师》："今急而求子，是寡人之过也。"教材注："（是寡人之过也）这是我的过错。是，这。"解释得十分到位。经过教学，一般学生都能分析出这儿的"是"是个代词。但很多学生在对译这句话时会无意识地漏掉"这"而译为"现在情况危急了却来求您，是我的过错"。这是由于句中的"是"与现代汉语所处位置相同，翻译时易于混同，这是另一种形式的微异。教师有必要特别提醒学生这句话中的"是"所处位置虽与现代汉语相类，实际却有不同。

　　在重点词语的讲解中要做到准确，首先是要言之有据。上述所列教材的

注释一般都有所本，但有所本不一定都准确。有的是前人旧注原本不误，教材理解不准确造成误注。例如，《逍遥游》："故夫知效一官，行比一乡，德合一君，而征一国者，其自视也，亦若此矣。"教材注："（行比一乡）善行能联合一乡之人。比，合。"以"合"释"比"，原本陆德明《经典释文》引李颐注："比，合也。"但"比"与"效""合""征"相对，是"符合"之意，李注本不误，教材说成"联合"，是误解旧注。成玄英疏将"比"解为"比周"，则有"团结"之意，（参见《论语·为政》："君子周而不比，小人比而不周。"）但似非教材所本。因此言之有据本身的"据"，也要我们细加分析。

最后，在表述规范方面，特别要注意术语的定称和定用。例如，《烛之武退秦师》："行李之往来，共其乏困。"教材注："共，同'供'。""失其所与，不知。"教材注："知，通'智'。""共"与"供"的关系跟"知"与"智"的关系完全相同，但教材采用了"同""通"两个不同的术语，显然表述很不规范。对一些本来应该用术语解释的字词，教材往往又不用术语。例如，《逍遥游》："故九万里，则风斯在下矣，而后乃今培风。"教材注："培，凭。"其实"培"是"凭"的通假字，注释应该使用术语"通"。对于这个问题，已有不少文章专门讨论，有人还对高中课本中的全部"同""通"术语进行了统计分析，得出的结论是基本无规律。这种情况对我们实施文言文教学本来相当不利，因为教师要费神费力引导学生重新对教材中以"同""通"术语解释的词语进行重新分类。如果教师完成了这种分类，成功地展示对用字现象的分析说明，如用"共，后分化为'供'字""培，是'凭'的通假字"等形式表述，相信学生在理清知识体系的同时，对教师清晰的规范表述也会认同和倾心。而了解具备一定的学术规范意识，显然是"人文性"题中应有之义。

文言文教学一般都会涉及词语的本义或源头，这种探源溯本，往往能揭示汉语词汇中蕴含的文化信息，从而开阔学生欣赏的眼界。例如，《滕王阁序》："俨骖騑于上路，访风景于崇阿。""风景"一词，教材及各本无注。《现代汉语词典》（第5版）中有："〔风景〕一定地域内由山水、花草、树木、建筑物以及某些自然现象（如雨、雪）形成的可供人观赏的景象。"这个解释并不错，但没有揭示积淀在"风景"一词中的汉民族人民的审美意识——"风"意在动，"景"意在光，所谓风景，一定是活动的（风过必引起物动）、有明暗色泽的（"景"是"影"的古字，即日光），故风景可"访"——有响与动可交流，有色与光可互动。王勃下文的大段描写，无一不涉响动和色光，其实都是对"风景"的注解。陆宗达先生把这叫作"以正文形式出现的训诂"（参见《训诂简论》）。我们对"风景"有了这样深层的理解后，再来看古人的诗文。几乎所有写景的诗文必定都含有响动和色光这两大要素。只要抓住这两点，就几乎抓着了准确欣赏古代诗文的要领。例如，2005年高考试卷有一题要求考生赏析李华的《春行即兴》："宜阳城下草萋萋，涧水东流复向西。芳树无人花自落，春山一路鸟空啼。"诗中草萋萋有色，水曲流有声，鸟啼花落这一响动反衬着山谷间的宁静，诗人行走其中，一丝伤春凄凉之情油然而生。赏析的关键正在响动与色光，而其题中所说的"春行"，不正与王勃的"访风景"相似吗？

课堂讲授要教知识，更应有学习方法的演示。训诂学解释文献语义的方法，如以形说义、因声求义、据文证义等，不但在文言文教学中大有用处，也对激发学生的学习兴趣有所裨益。例如，《项脊轩志》："迨诸父异爨，内外多置小门，墙往往而是。"教材注："异爨，不同用一个灶头，意思是分了家。""爨"为什么是灶头？如果教师运用以形说义的方法，分析"爨"的小篆形体，指出其上为双手持甑，下为双手送薪于灶中生火，那么学生自然能领会其与灶头的关联。再如，《师说》："师者，所以传道受业解惑也。"教材注："老师，（是）靠（他）来传授道理、教授学业、解释疑难问题的。……受，通'授'。"教师对其中的"受""解""惑"的理解就可运用以形说义的方法。"受"的甲骨文因为其形体是上下两只手交付物品，所以，其词义一说是接受，一说是授予；"解"的甲骨文形体是两手分牛角，为分解之义（参见《庖丁解牛》），引申表示解决；"惑"来源于"或"，"或"的甲骨文形体表示用武器守卫居住之地，因游牧时代人们追逐水草居无定所而有"不确定"义。这样的分析说明，一般都会收到形象生动、引发学生兴趣的效果。而在讲解《烛之武退秦师》中"若不阙秦，将焉取之"时，如果从声音线索系联"阙"与"缺""掘"的同源关系，应该也能使学生了解因声求义方法的作用。

总之，点拨式的字词句教学，既能提高课堂效率，又能培养实实在在的文言文阅读能力，使学生能解决阅读中的问题。日积月累，学生就会逐渐培养起独立阅读浅易文言文的能力。

（二）调动情感，关注体验

语文学习不仅是"知"的积累，更是"感"的积淀，是以认知基础上的体验、感悟、熏陶为主的，文言文学习尤其如此。[①] 然而现实教学中，我们却每每发现学生与文言文文本之间缺乏对话，学生"活生生的体验"及"自我的精神体验"得不到重视和尊重，属于学生自己的、自由的体验被冷

[①] 张超. 2005年高考语文复习方略[J]. 语文月刊，2005（1）：98-100.

漠无趣的所谓讲解、翻译代替，学生学习的诗文似乎是与己无关的，与趣味、情感无关的一堆符号。其实，文言文教学必须充分关注学生的情感体验，应让学生以自己的感知为基础，以吟诵品味为情感投入和个性理解的切入点，最终达到学生与文本、学生与作者的"心灵沟通"。

　　加入了学生知识与生活经验、融入了学生情感体验的文言文阅读就是融入学生主体体验和个性见解的过程。在教学中，教师在疏通基本文意之后，应设置一个领会的过程，让学生结合自己的生活和情感经历自由地言说。以《五柳先生传》为例，学生通过交流反思、思辨讨论后，理解中国传统文人那份特有的自赏自嘲的"味"，从中国传统文人淡泊名利、安贫乐道、悠然自得的形象背后领悟到个性张扬、傲骨独立的精神。以《出师表》为例，因为有关三国的故事、人物是深入人心的，所以教师可以让学生讲讲他们知道的民间故事，说说影视戏剧中的人物形象，谈谈对人物的看法，促使这些经验介入教学过程，远比照搬教参讲深讲透的分析效果要好得多，学生在把握诸葛亮的思想感情、理解三个建议等方面也会简单快捷得多。以《祭妹文》为例，可以通过范读或指导学生诵读，或挖掘文中极富感情的内容，经探析理解、品味、鉴赏等思维过程，感染学生心灵，引发共鸣，产生情感交流。

　　（三）诵读审美，书写人生

　　朗读和背诵是培养文言语感、整体感知能力的重要方法和有效途径。①古人所津津乐道的"涵咀""好书不厌百回读，其中滋味子自知""书读百遍，其义自见"等读书心得表明，诵读（朗读和背诵）是千百年来人们在学习文言文的实践过程中总结出来的行之有效的好方法和好经验。因此，文言文的学习应该注重诵读，培养学生的文言语感。

　　文言文有着很强的可读性，通过把"躺着的"书面文字用声音"立"起来，字、词、句自然而然地进入大脑，不仅增强了语言文字的可感性，而且声音负载着思想感情，课文的内容和意旨，也随之化为学生自己的知识。学生通过反复的诵读，与课文的语言文字反复接触，能更深刻地领会作者在字里行间的语言节律，受到更直接、更强烈的感染。而背诵可以使课文烂熟于学生的心里，有效地为学生所积累，为丰富文言文知识及文学方面的知识打下好的基础。正如吉林省特级教师魏治明所说："从诵读入手进入对文章内容的理解，在理解内容的基础上再进一步熟读以至背诵。这样循环往复，逐步加深体会，对一篇文章才能晓其理，感其情，品味其精当美妙之处。"文言文背诵得越多，才能产生学习文言文的质的飞跃，记忆新课文的速度也

---

　　① 张超. 2005年高考语文复习方略［J］. 语文月刊, 2005（1）: 98-100.

越快，学习文言文的水平也随之提高得越快；相反，诵而不背则事倍功半。

诵读绝不只是"念字出声"的无思维活动，而是动员了学生自己全部精力的再创作。于是，经过大量朗读之后，潜移默化的成果就会日益显露出来，如准确的词语概念、生动的语法修辞、巧妙的构思布局、感人的情景描写、严谨的逻辑序列、优美的韵律配置等，总是十分具体地启迪着学生的思路，使学生的思维缜密、情感丰富，文字表达和口头表达趋于准确生动。① 例如，教师在《鸿门宴》的教学中，让学生们捕捉到文中人物灵魂的传神之笔，如项羽爽直不羁、气度磊落但又轻信寡断，以致坐失良机；张良精明足智、沉稳周全；范增老谋深算却徒呼奈何……而且用自己的语言、丰富的表情准确地表达出来。这是要在对文字充分理解的基础上才能完成的。学生在这样的朗读过程中既理解了词句，又把握了文章的主要内容和人物形象，自主学习已经替代了教师的作用。同理，走近屈原，可感受他那忧国忧民的情怀和九死犹未悔的远大抱负；走近杜甫，可感受他那博大的胸怀和积极乐观的生活态度；走近苏轼，可感受到他历尽磨难依旧旷达豪放的胸襟。对于一些千古名句，学生刚开始的理解并不一定很深，但只要能时时出现于脑际，成诵于嘴边，就能自然而然地领悟。到那时，学生就会被孟子的浩然正气、庄子的汪洋恣肆、李白的豪放飘逸、杜甫的沉郁顿挫、范仲淹的宠辱皆忘、欧阳修的超然自乐等深深感染、影响。如果每位教师都能重视引导学生去诵读，学生面对文言文时就不再觉得它面目可憎、索然无味了

不但如此，优秀的文字作品通过朗读，对情操的陶冶、心灵的感染、思想的启发等教育作用，往往比单纯讲解更细致入微，更感人至深，更能增添人们前进的勇气和希望。同时，朗读也一定能产生巨大的能量，激励人们蓬勃向上、奋发有为；人们将在朗读中获得日常生活中不易得到的那样集中、明确、生动的高尚精神享受，使思想更加纯净、生活更加充实，使那些旧的污泥、那些低级趣味显得更加卑微，无处藏身。②

（四）延伸拓展，夯实底蕴

中学文言文教学除了要让学生能阅读浅显的文言文之外，还应该让学生接受博大精深的传统文化熏陶，热爱祖国语言文字，进而培养他们热爱中华民族优秀文化的感情。如果教师就课文讲课文，势必会导致学生思想文化上的封闭和狭隘。如果教师以传统文化为背景，对课文内容做适当的补充、扩展和延伸，以点带面，那么，每篇课文就能被赋予丰富的文化底蕴。这样的文言文教学必然能点燃学生智慧的火花，让课堂洋溢着浓郁的文化气息。

---

①② 张颂. 朗读学［M］. 3版. 北京：中国传媒大学出版社，2010.

首先，因为文章往往是作者基于一定时期的思想对一定现实的反映，所以必须强调作者和时代背景的介绍，这样不仅可以加强学生对文章的理解，更重要的是开阔了学生的知识面，利于学生丰富文化底蕴。例如，陶渊明的《桃花源记》体现了作者追求美好生活的理想和对现实生活的不满。教师要让学生理解这一点，必然要介绍时代背景，介绍陶渊明的其他一些有名的反映其个性的诗作，如《饮酒》（其五）、《归园田居》（其一和其三）等。不仅如此，教师还可以趁此引导学生关注中国文人的隐逸情结和中国文化中的隐逸文学，认识到中国文人隐逸背后的执着、热诚、忠心和无奈。

其次，同一件事、同一个人，往往在不同文章中涉及；同一种精神、同一种情操，往往在不同人身上得到体现。教师在文言文教学中恰当地引入与课文有关的文章，让学生开展研究性学习以完成特定的教育目标，是丰富学生文化底蕴的途径。例如，教师在《越王勾践》的教学中，可指导学生阅读司马迁的《史记卷四十一·越王勾践世家第十一》、吕温的《读勾践传》，以及郁达夫的游记《杭州》等。这样参照着阅读，学生可以读出越王勾践忍辱负重、励精图治、发奋图强的不屈精神，有助于学生发现、探究、解决问题，有助于继承和弘扬民族文化。

最后，教材中所选的文言文，绝大多数是世代流传、脍炙人口的名篇，其中蕴含着丰富的精华，值得借鉴。但由于时代的局限和作者本身的思想局限，在文章中难免有一些消极因素。因此，在今天的信息化时代，教师要把文言文教学与信息技术有机整合，让学生在互联网上接触相关的赏析文章、补充资料，指导学生学会用辩证唯物主义和历史唯物主义的观点对课文进行鉴赏、辨别、分析、批判，做到批判地继承，古为今用。这样既培养和锻炼学生的认识能力和分析批判能力，又夯实了学生认知水平的底蕴。

那么，在具体教学中如何针对现状落实以上教学策略呢？本书谨以《鸿门宴》教学设计为例，详见附录一。

第二节　高中古诗词教学

古典诗词是我国古代文化艺术殿堂中的瑰宝，有着极强的生命力。几千年来，一直为人们传诵不衰。其深厚的文化背景、凝练的语言形式、委婉含蓄的表情达意、意味悠远的艺术境界，都是值得我们回味品评的。多读一些古代诗词，不仅可以帮助我们了解中华民族的文化传统，而且能陶冶我们的情操，提高我们的素养。

一、 高中古诗词教学范围

近年来，虽然对古诗文教学量存在争议，但语文教材里所收古诗词数量却是增加的，《全日制义务教育语文课程标准（2011 年版）》中要求，一至六年级学生背诵优秀诗文 160 篇（段），初一至初三学生背诵优秀诗文 80 篇（段），合计 240 篇（段），而其中大部分是诗词。即平均每学年二三十篇，每学期十多篇。进入高中阶段古诗词教学的课文数量也不少，从课文的占比上看，以广东基础教育课程资源研究开发中心语文教材编写组编写的高中语文教材为例，必修 5 册书共 20 个单元中，古诗文占 5 个单元。在选修教材中，《唐诗宋词元散曲选读》全是古诗词。

二、 高中古诗词教学目标

古诗词属于文学作品范畴，在《普通高中语文课程标准（2017 年版）》中相关的教学目标为："精读古今中外优秀的文学作品，感受作品中的艺术形象，理解欣赏作品的语言表达，把握作品的内涵，理解作者的创作意图。结合自己的生活经验和阅读写作经历，发挥想象，加深对作品的理解，力求有自己的发现。"当然，古诗词也属于"学习任务群 8　中华传统文化经典研习"，也有同古文一样的教学目标与内容。

三、 高考古诗词教学要求

根据《2018 年普通高等学校招生全国统一考试大纲》（语文），对高考古诗词的考查的具体要求有以下两个。
（1） 鉴赏文学作品的形象、语言和表达技巧。
（2） 评价文章的思想内容和作者的观点态度。

四、 高中古诗词教学现状

古诗词的教学是中学语文教学的难点。

从学生层面上看，高中学生对古诗词的学习兴趣和教师想象的相差甚远。有些古诗词距今年代久远，其内容和形式也与现代的生活习惯和文化氛围相去甚远，而且用典较多，用词含蓄，学生接受起来有难度；大部分学生对学习古典诗词已提不起太大的兴趣，尤其是理科班的学生忙于数理化的学

习，无暇静下心来细心品读古诗词，即使是要求背诵积累的诗词也是强记硬背，过后很快就遗忘。大部分高中学生对古诗词的学习是被动的，仅仅是为了得到高考中古诗词部分占有的分数。

从教师层面上看，很多教师在古诗词教学过程中采用单一的教学模式：背诵课文、讲解重点技法和重点诗句、背诵相关的时代背景知识、了解作者生平和主要文学成就。一些教师似乎把一堂古典诗词鉴赏课上成了一般的文言文教读课，教师讲得多，学生自己体验的时间反而少；一些教师在教学时对古诗词这种特殊文化载体的资源开发利用不够，仅满足于学生会背、能理解诗句的意思这种较浅的层次。

五、 高中古诗词教学依据

《诗人玉屑》（卷六）里面提到王安石所说的"诗家语"，就是说诗的用语有时和散文不一样，因为诗有韵律的限制，不能像散文那样表达。要是我们用读散文的眼光去读诗，可能会忽略作者的用心，不能对诗进行正确的理解，那自然体会不到它的好处，读了也不会有真感受。

古诗词言简意丰，具有凝练和跳跃的特征，它具有四美：意美、言美、音美、形美。

古人赏诗有"诗味"说，而诗味是指诗人用最恰切的创意语言和精心选择的意象，传播和承载出来的，蕴含在作品深层，经读者的反复涵泳、思考咀嚼所获得的各种美感要素的总和。诗味首先来源于意境，其次与诗歌中所体现的情感、理趣密切相关，含蓄创造诗味，诗眼凝聚诗味，声律增添诗味。诗味具有审美性、通感性、多元性、多层性、差异性等艺术特征。

诗是人类与生俱来的一种体验，是人类精神园地里永不老去的童心梦幻，是文学的源头，是艺术审美金字塔的顶端，是个性抒发的最近途径。古典诗词积淀着中华民族深厚的历史文化传统，闪耀着华夏文明的光芒，洋溢着民族的激情。古代教育家孔子说："不学诗，无以言。"诗言志，诗传情。因而，学习古诗不仅丰富学生的知识，提高学生的写作水平，还能发展学生的思维能力，提高学生的欣赏品位与审美情趣。

六、 高中古诗词教学策略

提升高中语文古诗词教学水平，已经成为语文教学研究的重要课题。教育工作者应从多方面入手，培养学生的学习兴趣，提升学生的学习能力，充分发挥古诗词的育人功能，让古诗词教学回归教学初心。

（一）多管齐下，激发学生学习兴趣

1. 运用情境教学法

情境教学法是指在教学过程中，教师有目的地引入或创设具有一定情绪色彩的、以形象为主体的生动具体的场景，以引起学生一定的态度体验，从而帮助学生理解教材，并使学生的心理机能得到发展的教学方法。

古诗词以情、景、意见长，具有内容丰富、意境深远、韵律优美的特点。如果不发挥其语言优美、结构别具一格、意境深邃的特点，是很难在教学中有所收获的。教学中可通过以情动人、以趣激情、感知形象、引导想象、播放音乐、转换角色、讲述故事等教学手段来创设情境，营造课堂气氛，让学生陶醉于梦游神往的意境中，进入角色欣赏诗的优美语言，受到祖国传统优秀文化的熏陶，提高诗歌鉴赏能力。

与传统教学相比，多媒体手段在创设古诗词教学情境方面更具有优势。无论是音乐、录像，还是幻灯投影、录音，都能短时高效创造出与古诗词内容相吻合的情境气氛。在教学中，教师宜将现代科技与传统文化进行精彩对接，构建出一条无形的"时空隧道"，帮助学生穿越它以捕捉到古诗词闪烁千年的异彩。

借助音乐来进行古诗词教学的案例有许多。例如：教读李商隐的《无题》（相见时难别亦难）时，教师可以让学生听听徐小凤演唱的《别亦难》；教读李煜的《虞美人·春花秋月何时了》《相见欢·林花谢了春红》时，教师可以播放邓丽君演唱的《几多愁》《胭脂泪》；教读苏轼的《水调歌头·明月几时有》时，教师可以让学生听听王菲演唱的现代版的《明月几时有》；教读苏轼的《念奴娇·赤壁怀古》时，教师可以利用多媒体课件播放并且展示电视剧《三国演义》的插曲《滚滚长江东逝水》（杨慎《临江仙》）歌曲和歌词；教读苏轼的《卜算子·缺月挂疏桐》时，教师可以利用多媒体课件播放并且展示周传雄演唱的《寂寞沙洲冷》。

2. 运用探究性教学法

《普通高中语文课程标准（实验）》明确指出，要"倡导自主、合作、探究的学习方式"，教师"应在继续提高学生观察、感受、分析、判断能力的同时，重点关注学生思考问题的深度和广度，使学生增强探究意识和兴趣，学习探究的方法，使语文学习的过程成为积极主动探索未知领域的过程"。

中国古诗词具有丰富深刻的意蕴，在教学中最适宜运用启发式探究性阅读来培养学生的探究能力。在具体教学中，教师可以运用古诗词意象的多义性、空白艺术，还有古诗词本身意蕴的丰富性来创设探究情境。

3. 引导学生关注推广中国古代文化知识的媒体节目

中国古诗词曾经坐了很长时间的"冷板凳",幸运的是,它们最近重新回到大众的视野中。我们可以从很多媒体节目中看到推广中国古代文化知识的内容,教师应当引导学生多了解和关注推广中国古代文化知识的媒体节目,让学生感受古诗词的魅力。比如说,关注央视的《诗词大会》或者各种微信公众号就是很好的选择,可以让学生感受到古诗词带给他们的自豪和优美意境。

4. 提倡美读教学

美读教学要求抑扬顿挫、声情并茂、物我两忘,讲究情感上的投入,利用多种有效的方法,调动学生的身心,读出古典诗文的情气和文气。这些特质都符合古诗词的文体学特质。美读提倡了多年,但在古典诗词教学中似乎还没有发挥出应有的作用。美读作为教学法应该受到教师的重视并积极探索,走出种种新的路子,还原古诗词教学的本质内涵。

在美读教学中,要注意句读和语法关系,读出文意;注意音韵,读出古诗词的音乐美;注意技巧,读好停顿、连贯、重音、节奏、语势。要精选文本,做好示范。

实施美读教学,教师首先要提升自己的素质,具备美读示范与指导能力;其次要放下思想包袱,不要怕别人说"作",不要怕别人说"浪费时间",也不要怕学生的心理抗拒,而是要坚持做下去,利用早读时间,把自己能读好的美文好好地引领学生读下去。

5. 开展比赛,激发兴趣

教师可组织开展"古诗文擂台赛""漫游古诗文王国""古诗文名句填空比赛""看画面猜诗"以及分类、分作者积累古诗文比赛等活动,比赛题型有必背题、接龙题、抢背题、表演题等。以上形式多样的措施,有助于解决学生学古诗文兴趣不浓、积累不多、遗忘较快等问题。在比赛中,学生既陶冶了情操,又巩固学习了古诗词知识。

(二)从体裁、题材及诗作整体系统切入,让学生会读

古人云,诗无达诂。这固然是说,诗歌有多义性,但也似乎是说,诗难懂。古诗词教学难,从某种意义上说,就是难在作品不好读懂。甚至有人认为,就连高考题命题者对相关古诗词的解读都有可能是错误的。

在古诗词教学中,教师首先要解决的就是如何读懂的问题。

指导学生读懂古诗词,教师可从以下三个方面着手:

一是从体裁特征的角度上看,要教会学生知体——读懂诗家语。

所谓"诗家语",即"诗性语言",乃诗家用含蓄、形象、跳跃、夸张、

凝练、音乐性的语言表达自己主观情志之诗语。

关于"诗家语"的阐说，有具体的例文，在高三古诗词复习教学中，教师可以借用来详加分析、讲解，但不宜仅停留于此，还要让学生根据此前积累、做过的试题，并查找资料用恰当的例子替换或补充例文中的例子。对替换或补充的例子，教师要组织学生进行小组讨论，鉴定正确与否，有异议的交由教师定夺。

二是从题材的角度上看，要教会学生知类——读懂一类诗。

中国古诗词虽说浩如烟海，但从题材的角度上看，总有一些题材相同、情感相近、手法相似的诗歌。我们阅读诗歌，完全可以从题材入手，争取"读一首诗，知一类诗"。

在高中古诗词教学中，高一、高二是课文教学，基本没有教师会对学生进行题材分类的学习指导。再说，即使教师课堂教学中做了相应工作，学生还是容易遗忘。而在高三教学中，大多数教师进行的是分类举例讲解，再辅以一定的练习进行巩固。可以说，整个高中阶段的古诗词"知类"教学从某种意义上说，并没有落地生根。

作为高中生，学习过的古诗词可谓不少。再说，现在信息资源丰富，网络使用便捷，组织学生进行古诗词"知类"自主探究学习的条件十分充足。在高一、高二阶段，教师完全可以有意识地引导学生进行相应的研究性学习；在高三阶段，教师则可以少布置点试题，让学生自己来回顾整理并归类，还可以让学生根据题材类别选择课外古诗词作品进行试题仿制，并拟写参考答案。

三是从诗作整体系统的角度上看，要教会学生得"鱼"——读懂一首诗。

学生在解读一首古诗词的时候往往会遗漏信息，或不注意标题，或忽视了注释，或对作品中的"诗家语"不在意，而更多的是漠视诗歌层次和句间关系。一言以蔽之，就是对作品解读囫囵吞枣或以点带面。

在教学中，我们要选择典型练习来加强训练，培养学生整体解读诗作的意识，并让学生通过错题归类来提高自己的水平。

（三）充分发挥古诗词的育人作用

诗可以兴观群怨。经典的古诗词作为中国古典文学和传统文化的根基，有着丰富的中国古代汉语和文化的养料，蕴含着丰富的传统文化精髓。真正有效的古诗词鉴赏活动不仅是典雅、纯正的语感的形成过程，也是民族精神的积淀与传承过程，使学生潜移默化地受到民族精神的滋养，受到高尚情操与趣味的熏陶，培养学生高雅的品位，在实现语文课程育人目标的同时，为

学生构筑诗意的精神栖居家园。

1. 内容和形式双管齐下，培养学生文化认同感

古诗词是我们的民族文化瑰宝，其内容丰富、形式生动，是我们民族引以为豪的文化成果。学习古诗词就是了解我们民族的过去，也是培养我们民族自豪感的重要途径。可以利用诸如辩论、演讲等多种形式加深学生对古诗词的理解，或者鼓励学生多读有相关背景知识的书籍，多看影射相关历史知识的好电视、电影节目，以培养学生对民族文化的认同感，激发学生学习古诗词的热情。古诗词在影视作品中运用较多，如电影《十面埋伏》中的一首极具古典美感并且非常简单易记的插曲——《佳人曲》是根据汉代李延年的《北方有佳人》创作而成的；央视古代经典剧集《三国演义》的主题曲《滚滚长江东逝水》是根据明代杨慎的《临江仙》创作而成的；1987年版的《红楼梦》，这部电视剧的主题歌与多首插曲都是运用曹雪芹原著中的诗词谱曲而成；1983年版的《射雕英雄传》中运用了南宋岳飞的《满江红》作为插曲；新加坡古装电视剧《绝代双雄》将南唐李煜的《破阵子》创作为插曲。在教学中，教师完全可以利用这些影视作品来展开语文古诗词教学。

2. 启发联想和想象，在对话中得到美的濡养

中国古典诗词言简意丰，贵在含蓄，时空跌宕，跳跃腾挪，非联想、想象不能领悟其意境、意趣。读者阅读的过程，就是以自己的全部生命体验、生命情感和生命意识与文本背后潜藏着的生命对话的过程，就是实现读者自我生命成长和提升的过程。联想和想象是这个过程的催化剂。学生只有在教师启发下进行联想、想象，才能实现读者与文本的对话，最终实现意义的建构。在古诗词教学中，教师要引入美育教学，依托课文，通过联想、想象等审美活动，让学生得到美的享受和思想情感的熏陶。

一是领略意境美。教师要引导学生通过想象，透过古诗词语言的表面含义，品读其丰富多彩的形象图景，感受其蕴含的思想感情，获得意境美的情趣。

二是领悟哲理美。教师要引导学生联系自己对自然、生活、人生的理解，开启理性思维，接受理性启迪，领悟古诗词中的哲理美。

三是领会人格美。教师要引导学生深入诗词语言构筑美的世界，使生活存在的意识与诗词中的意识产生异质同构效应，让学生在审美过程中感受品行、修养的陶冶，以逐步完善自身的人格。

教学中如何引导学生把握古诗的"三美"呢？本书谨以《山中与裴秀才迪书》教学设计为例，详见附录二。

3. 挖掘内涵，融合优秀传统文化教育

《普通高中语文课程标准（实验）》课程目标中强调：增强文化意识，

重视人类文化遗产的传承，尊重和理解多元文化，关注当代文化生活，学习对文化现象的剖析，积极参与先进文化的传播和交流。的确，一个民族、一个国家，如果没有自己的精神支柱，就等于没有灵魂，就会失去凝聚力和生命力。

《普通高中语文课程标准（2017年版）》提出要"多角度、多层面地组织主题学习单元，引导学生合理运用精读、略读的方式，由点到面地体会中华传统文化的精深和丰富，初步认识所读作品在中国文化史上的贡献"。要"组织学生在具有一定阅读量的基础上，展开交流和专题讨论，就传统文化的历史价值、时代意义和局限等问题，用历史和现代的观念进行审视，表达自己的看法"。

作为人类文化载体和传统文化精粹的古诗词，不仅积淀着丰富的中国古代文化知识，也积淀着丰富而深厚的中华民族的优秀传统文化。教师要更新教学观念，在传授语言文字知识、进行人文教育的同时，认真分析挖掘教材中的传统文化内涵，用前人的智慧和精神力量循循善诱，让学生真正认识和理解传统文化的合理内核与真正价值，激发学生热爱祖国传统文化，并接受人文陶冶，从而自觉地接受优秀的传统文化。

学生读懂一首诗或若干首诗的目的不是高三备考，而是为了形成能力，得到素养。因此，在教学中教师一定要有举一反三的思路，让学生的积累因一首诗而迁移到多首诗或一类诗中。教师可以引入专题学习思想，运用间接关联的思路来进行古诗复习。

间接关联主要是指运用发散思维，使用思维导图这个工具，这能够有效激发师生联想。以《唐诗宋词元散曲选读》中《青玉案·元夕》的传统文化渗透为例，教师可提出如下问题：正月十五在古代被称作什么节日？当天晚上人们有哪些习俗？与之相关的名句、谚语、有趣的故事又有哪些？古诗词中传统文化可以渗透到课堂的每一个环节。当涉及"间接渗透"，需要发散思维的时候，思维导图在任何一个环节里都可以发挥作用。

古诗词的比较阅读也是一种渗透优秀传统文化教育的重要途径。对于同一题材、同一对象，不同的作者所表达的思想感情是有区别的，这与诗人所处的时代、其本人的经历等密切相关，而不同时代的作品必然是打上了不同的时代烙印，而烙印也就是文化。学界普遍认可的盛唐之音与晚唐气象之差别，不就是一种文化吗？

器知技,技立器,器养道:技、器、道三位一体语文教学

第四章
技、器、道三位一体小说、散文阅读教学

小说的三要素(环境、情节、人物)、结构、叙事方式都有其独特的手法("技")。小说一般都有"空白点""不确定性",优秀作品还往往在遣词造句、行文构篇等方面有其匠心独运之法("技")。有效的小说教学能够发掘作品的意蕴、民族心理和人文精神,有助于学生形成正确的价值判断和审美取向("道")。

散文与其他文体一样,自有其各方面的特有技法。不过,笔者认为散文独特的"技"是独抒性灵,散文教学应该借助文本品味语言、感受形象、体悟情思和理趣,引导学生在形式美中去感受作者复杂的情感,从而获得精神上的愉悦和成长("道")。

第一节 高中小说阅读教学

小说作为一种文学体裁,已成为20世纪以后文学的主导文类。

一、高中小说教学数量

从课文占比上看,以广东基础教育课程资源研究开发中心语文教材编写组编著的高中语文教材为例,必修5册书共20个单元中,小说占2个单元,为整个单元数的10%。2个单元共10篇文章,占必修5册书总篇数95篇的10%。在选修教材中,《短篇小说欣赏》全是小说,《唐诗宋词元散曲选读》中也有小说。

二、高中小说教学目标

《普通高中语文课程标准（2017年版）》在"学科核心素养""审美鉴赏与创造"中指出"审美鉴赏与创造是学生在语文学习中，通过审美体验、评价等活动形成正确的审美意识，健康向上的审美情趣与鉴赏品位，并在此过程中逐步掌握表现美、创造美的方法。"在"鉴赏文学作品"的课程目标中提出："感受和体验文学作品的语言、形象和情感之美，能欣赏、鉴别和评价不同时代、不同品格的作品，具有正确的价值观、高尚的审美情趣和审美品位。"在"学习任务群5 文学阅读与写作"中，强调该任务群"旨在引导学生阅读古今中外诗歌、散文、小说、剧本等不同体裁的优秀文学作品，使学生在感受形象、品味语言、体验情感的过程中提升文学欣赏能力，并尝试文学写作，撰写文学评论，借以提高审美鉴赏能力和表达交流能力"。在"学习任务群10 中国现当代作家作品研习"中，表明"本任务群旨在大体了解现当代作家作品概貌，培养阅读现当代文学作品的兴趣，以正确的价值观鉴赏文学作品，进一步提高文学阅读和写作能力，把握中国现当代文学作品思想性、艺术性、观赏性有机统一的价值取向"。在"学习任务群11 外国作家作品研习"中，强调"本任务群旨在引导学生研习外国文学名著名篇，了解若干国家和民族不同时期的社会文化面貌，感受人类精神世界的丰富，培养阅读外国经典作品的兴趣和开放的文化心态"。

三、高考小说考查要求[①]

阅读和鉴赏中外文学作品。了解小说、散文、诗歌、戏剧等文学体裁的基本特征和主要表现手法。阅读鉴赏文学作品，应注重价值判断和审美体验，感受形象，品味语言，领悟内涵，分析艺术表现力，理解作品反映的社会生活和情感世界，探索作品蕴含的民族心理和人文精神。

1. 理解
(1) 理解文中重要词语的含义。
(2) 理解文中重要句子的含意。
2. 分析综合
(1) 分析作品结构，概括作品主题。

---

① 根据《2018年普通高等学校招生全国统一考试大纲》语文学科部分整理。

(2) 分析作品的体裁特征和表现手法。
3. 鉴赏评价
(1) 体会重要语句的丰富含意，品味精彩的语言表达艺术。
(2) 鉴赏作品的文学形象，领悟作品的艺术魅力。
(3) 评价作品表现出的价值判断和审美取向。
4. 探究
(1) 从不同角度和层面发掘作品的意蕴、民族心理和人文精神。
(2) 探讨作者的创作背景和创作意图。
(3) 对作品进行个性化的阅读和有创意的解读。

四、 高中小说教学现状

　　语文课堂上的小说教学与小说创作、小说理论研究之间，出现了严重的错位与断裂。小说课堂总是遵循着"四要素"的内容，根据情节、人物形象、环境、主题的特点安排教学内容，课堂也随之呈现"板块特征"：梳理故事情节、分析人物形象、赏析环境描写、概括中心主旨。例如，某教师对《祝福》的教学目标基本做以下界定：
(1) 了解小说创作的时代背景。（环境）
(2) 掌握作品运用语言、肖像描写刻画人物形象的手法。（人物形象）
(3) 使学生认识倒叙式的结构方式及复述小说情节的能力。（情节）
(4) 准确把握祥林嫂的形象特征，理解其悲剧的社会根源，认识封建礼教吃人的本质，培养学生概括主题的能力。（主题）

五、 高中小说教学依据

　　小说世界，风光旖旎、气象万千；小说教学，是师生共同温暖灵动、诗意自由的行走。在这个"行走"的历程中，怎样才能够尽情领略一路风光，满载而归，促进师生共同成长呢？这就有必要明确小说教学的内容，同时采取有效的教学策略。
　　小说教学的内容一般分为四个层次。一为知识层次：结合文本的学习进行有关小说基础知识的教学，丰厚学生的知识积累；二为理解层次：从小说阅读出发，让学生理解小说的内容、人物及背景，认识人生社会问题，培养学生的理解能力；三为欣赏层次：赏析小说的情节结构、叙事方式、人物塑造、表现方法、语言特色、创作风格等，培养学生文学审美能力；四为探究层次：在欣赏的基础上探究小说的深层问题，培养学生研读小说的能力。这四个层次的内容涉及知识和能力，也涉及情感态度价值观。

《普通高中语文课程标准（2017年版）》在"学习任务群5　文学阅读与写作"中提出的具体的学习目标与内容有以下四点：

（1）精读古今中外优秀的文学作品，感受作品中的艺术形象，理解欣赏作品的语言表达，把握作品的内涵，理解作者的创作意图。结合自己的生活经验和阅读写作经历，发挥想象，加深对作品的理解，力求有自己的发现。

（2）根据诗歌、散文、小说、剧本不同的艺术表现方式，从语言、构思、形象、意蕴、情感等多个角度欣赏作品，获得审美体验，认识作品的美学价值，发现作者独特的艺术创造。

（3）结合所阅读的作品，了解诗歌、散文、小说、剧本写作的一般规律。捕捉创作灵感，用自己喜欢的文体样式和表达方式写作，与同学交流写作体会。尝试续写或改写文学作品。

（4）养成写读书提要和笔记的习惯。根据需要，可选用杂感、随笔、评论、研究论文等方式，写出自己的阅读感受和见解，与他人分享，积累、丰富、提升文学鉴赏经验。

六、高中小说教学策略

对上述小说教学内容的四个层次，教师在教学中不能一刀切。在教学的具体操作中，教师要注意一个前提、两大切入点、三个维度。

（一）"语辞"是小说教学的密码，抓住"语辞"展开教学是小说教学的前提

读小说时，我们极容易受到情节的迷惑，受到故事的感染。小说情节往往有一种震撼人心的力量，激起读者的共鸣。学生极容易"入境"，被故事情节打动、感染。但是，缠绵悱恻、动人心扉的情节会让学生停留在一种"感动"的情绪之中，漂泊在文本所营造的撼人效果中，从而忽略构建故事、产生这种艺术效果的"语辞"。小说教学倘若仅仅存留于"感动"，那就根本谈不上是真正的小说教学课。

一切关乎语言、文字的因素，都应该是语文因素，诸如形象、情感、遣词造句、篇章结构甚至是朗读吟诵、句式表达、标点使用等。不能和语言文字相遇、相知，就永远不能走进语文的殿堂。语言是语文最核心的东西，作者源于生活、高于生活、美于生活的思想感情，正是通过形神兼备、声情并茂、细腻生动的语言，才得以淋漓尽致地表达的。语文教育家吕叔湘说："不抓语言的语文教学是'半身不遂'的教学。"从文体的特点考虑，虽然

小说是叙事的艺术,是形象塑造的艺术,但它首先是语言的艺术,语言是根,叙事是干,形象是果,小说的教学要注意扎根语言教学。在实际教学中,惯用的机械懒汉式的"要素板块框架"教学方法是绝对要不得的。面对文本,首先要做的是反复触摸语言文字,并由此走进作者的心灵;而不是先冒出某种想当然的推测,或一个主流话语的标签,之后就是为求证推测或标签而阅读。有时候教师见了这种形象之"果"就忍不住要从学生嘴里抢过来,自己津津有味地吃下去,结果小说课成了老师人物形象的图解演说。这样的解读方式不仅野蛮地侵犯了作者的情感思想,也使学生完全丧失了精神境界的高峰体验。小说解读,只有通过与语言文字的亲密接触,才能悟到背后的形象、情感、思想,乃至一颗颗滚烫的灵魂。走进文本,品味浸透着强烈情感倾向的"语辞",就是在体贴作者笔下人物的生命,体悟作者试图表达的生命情怀。

例如,在《项链》教学中,我们可以通过"语辞"来分析在不同情节中作者对人物的描写,透视人物心理、性格发展过程。具体教学环节可以设计如下:

(1) 借项链前,玛蒂尔德有哪些苦恼和梦想?
(2) 得到请柬后,情绪怎样变化?
    懊恼地丢—哭起来—迟疑地提出要求—似郁闷不安忧愁—迟疑而焦急地借—跳搂亲跑。
(3) 舞会上她最突出的感觉是什么?
    用两个字概括——陶醉。
(4) 舞会结束,她马上想到的是什么?
    ——赶快逃走。
(5) 丢项链后,她怎样处理这件事?
    ——她懂得一个穷人的艰难生活了。一下子现出了英雄气概,毅然决然打定了主意:她要偿还这笔可怕的债务。
(6) 她是怎样还债的?
    ——辞退女仆 迁移住所。刷洗杯盘 洗衣 倒垃圾 提水 争价钱 受嘲骂 一个铜子一个铜子地节省。
(7) 十年后,还清了债务。玛蒂尔德再次见到女友,她为什么要告诉女友十年前的事实?
    ——内心的坦然。

(二)"空白点""不确定性"是小说教学的两大当然切入点

德国著名美学家沃尔夫冈·伊瑟尔提出"召唤结构"。他认为,召唤性是文学文本最根本的结构特征；作品的意义不确定性和意义空白促使读者去寻找作品的意义，从而赋予他参与作品意义构成的权利。这种由意义不确定与空白召唤读者把文学作品中包含的不确定点或空白与自己的经验及对世界的想象联系起来的做法，使有限的文本有了意义生成的无限可能性。在小说教学中，教师可以采用以下方法。

一是以"空白点"为教学切入，激发学生的期待视野。这种"空白点"是指文本未实写出来的或未明确写出来的部分，当然它们中的一部分可以通过作品已写出来的部分进行推论得出。教师必须细研文本，并善于把握文本中对理解课本的内涵有至关重要的作用的有"推动力量"的"空白点"，并以此切入，不做事先的过多提示，引导学生深入地思考文本内涵，并获得个性化的阅读体验。

二是以"空白点"作为体验重点，激发学生的创造能力。阅读不是从作品到读者的单向流动，而是作为读者与文本、作者之间的双向甚至多维流动的过程。文学作品的价值并不是在作者完成作品后就存在了，它还需要借助于读者的阅读而对它进行丰富的解读、增补、创造和创新。读者的再创造的部分主要就在于文本中作者有意或无意中留下的"空白点"。文学作品的许多层面上诸如词语句子、故事情节、人物描写以及主题意蕴等都有可能存在"空白点"，看一部作品不应当只看它说出了什么，而要看它没说什么，正是在一部作品意味深长的沉默中，在它意义空白中，隐藏着作品效果的潜能。因此，在课堂教学中，教师首先应该还自主学习给学生，并努力培养学生善于发现文本中存在的"空白点"，形成一种阅读文本的直觉或理性反应；其次，在课堂中，应该把补充"空白点"作为体验重点，让学生重构文本的意义与价值，激发学生的创造能力。

三是以"不确定性"为探究抓手，挖掘作品的多元意义。文本具有敞开性，它的价值并不全由作者来完成，它还存在空白点和不确定性，还需要借助读者的参与来完成，并且每一个读者的参与带来的是不一样的文本价值。《普通高中语文课程标准（实验）》中提到，应当"引导学生设身处地、身临其境地去感受，重视对作品主体形象和情感基调的整体感知与直觉把握，关注作品内涵的多义性和模糊性，鼓励学生积极地、富有创意地建构文本意义"。

四是以"不确定性"为评价指引，丰富学生的个性体验。王荣生博士在《语文科课程论基础》中把目前的阅读取向归纳为四种：一是概括段落大意和中心思想，寻求"思考与练习""正确答案"的"作业者"取向；二是以分析课文形式方面为主，归结为生词、语法、修辞、章法的语文教师"职业性阅读"取向；三是以"诵读"为主要样式的"鉴赏者阅读"取向；四是

"感受性阅读"取向，在教学中表现为对"讨论法"的倚重。王荣生博士同时指出，不少语文教师正在经历着"鉴赏者阅读"取向与"感受性阅读"，习惯了与"作业者"、语文教师的"职业性阅读"方式进行激烈争斗。文学文本的"不确定性"尤其要求我们语文教师要特别重视学生的"感受性阅读"和"鉴赏者阅读"。在对学生的阅读的评价时，在考察其对文本的基本的字词句、篇章结构、艺术手法等认知的同时，还应评价学生有无调动自己生活积累、文学积累、审美情趣和情感倾向等个人因素来对文本进行特有的感受和鉴赏。

例如，《项链》一文结局除了有意料之外、情理之中的特点外，还有一个特点：空白。文章的结局是"实在"的，但同时又是"空白"的，"实在"是说指明了项链是假的，"空白"则是指我们不知道玛蒂尔德到底想什么。根据作品这一特点，我们可以做如下教学设计：

提问：1. 玛蒂尔德听到佛莱思节夫人的惊叹后，会有什么样的想法？故事将会怎样发展？请谈一下自己的看法。

（学生自由交流，然后发表看法。一定不会有统一的意见）

2. 使用空白艺术有什么好处呢？请同学们谈一下自己的看法。

（教师要和学生明确这一点：留白可以给读者留下丰富的想象空间，意蕴深厚，余味悠长等）

3. 你能从你所接触过的文章、音乐或绘画等作品中再举一例吗？

提示：中国山水画往往留有大片的空白，但我们不会认为这样不好，相反，透过空白，还可以领悟到其中深远的意境，那是一个比画面宏大万千倍的意境。不仅大而且因人而异，虽虚而实，虽少而多。这就是空白艺术的魅力。以下例子可供参考。

（1）要画一座寺庙，但又不得有建筑出现，怎么办？一僧一溪一桶足矣，虽不见寺，但寺已在心中了，即《深山藏古寺》之妙啊。

（2）画《踏花归去马蹄香》，一马奔跑，数蝶围其蹄随舞，虽不见花，但花香已四溢了。

（3）《红楼梦》中，黛玉临死前喊的那一声"宝玉，你好……"，给人们留下了无限的想象空间，黛玉临死前的复杂心情，也成了人们谈论不休的话题。

（4）唐代诗人王驾的诗《雨晴》写道：雨前初见花间蕊，雨后全无叶底花。蜂蝶纷纷过墙去，却疑春色在邻家。由蜂蝶过墙产生无限遐想：邻家春光到底如何明媚？

（5）小小说《德军剩下来的东西》，让人对男女主人公相认后的情况做出种种猜想。

（6）《琵琶行》中关于音乐的描写让人有"此时无声胜有声"的遐想；绘画中有"十里蛙声出山泉"的优美意境。

教师小结： 文章采用了空白的艺术手法。这种手法，是借无形表现有形，赋空白以丰富多彩的形象性，依据欣赏主体的不同，表达丰富的生活内容，虚实结合，有无互补，创造出言外之旨、含蓄空灵的艺术境界。如果作者写出了结局，就不会有我们现在的争论，就会缩小读者思考的空间，作品也难以余味悠长。一千个读者心中就会有一千个哈姆雷特，每个人都对作品进行了再创造，这不是很好吗？值得注意的是，文本特色、学生差异、时代性是小说教学的"三个维度"。运用空白艺术要因情而设，因境而设，刻意追求未必会达到预期效果，反而可能弄巧成拙。要做好铺垫，埋好伏笔，调整语序。

（三）小说教学的"三个维度"

一篇小说选择和呈现的教学内容，除考虑课程标准和单元教学目标外，至少要考虑以下三个维度。

第一，文本特色。根据文本特色提炼出来的"教学点"，是教学内容的最初生长点，也是教学呈现方式的出发点。《祝福》的特色是"矛盾冲突"，从此入手，可把握住人物在诸多矛盾冲突中的行为个性、内心动机，从而理解人物的性格，明晰社会环境与人物命运的关系，无障碍认知作品主题——礼教和迷信"吃人"，探寻冲突过程之"语言"及相关语段的深层内涵和言外之意。《项链》的特色是情节的波澜起伏、摇曳生姿。讲解这篇课文时，教师应该通过把握曲折的情节，提高学生阅读、欣赏文学作品的能力，而绝不应该像有些教师那样花费很多时间去探讨其主题究竟是什么。

在《项链》的教学中，为了帮助学生把握其情节特色，教师可以设计如下问题：从文章的内容看，玛蒂尔德为之付出十年艰辛的项链竟然是假的，我们不难理解结局的"意料之外"，可我们还说它是"情理之中"，这在文中有哪些根据？请同学们找出来并加以分析。

以下是答案及教师总结。

答案： 明确文中有三处暗示项链是假的。

（1）玛蒂尔德借项链时，佛莱思节夫人答应得很爽快，甚至没有一句叮嘱的话。

（2）玛蒂尔德还项链时，佛莱思节夫人连盒子都没有打开来看一下。

（3）珠宝店的老板说只卖出过盒子。

教师小结： 文章贵曲忌直，波澜起伏的情节肯定比平铺直叙更能吸引人。但情节的设置也应合乎事理，不能脱离实际，这样才是真正的好作品，不然生编硬造，出人意料却不合乎情理，就成了荒唐，不会有什么审美价值。文学作品无论长短都须遵循四个字：合情合理。

第二，学生差异。一千个读者有一千个哈姆雷特。由于各自的生活经历和个性差异，学生对同一篇小说的阅读持有不同的看法和视角，也会融入自己个人的独特的情感因素，读出他们的个性来。人们在现实中是有很多无奈的，无奈之一就是人在现实中的活法不只是一种，你选择了这种就意味着你放弃了千百种活法。小说则最大限度地满足了人体验另一种或若干种人生的可能。正如，读着别人的故事，流着自己的眼泪。所以，教师在小说教学活动中应该引导学生进入精神享受的王国，应该尊重学生个人的看法、想法，千万不要利用各种条条框框去限制学生的独立思考和个性情感，更不要把自己对小说的见解或体验强加于学生，搅乱学生的阅读思维。教师可以点拨、指引学生采取联系和比较的方法对小说进行阅读和理解，启发他们从不同的视角去发现小说中的各色各样的人物个性及特征，分析和感悟小说中各种人物的情感以及他们的精神特色。

第三，时代性。通常情况下，小说都具有非常明显的时代特征。教师应要求学生根据小说作品的时代背景认真地阅读、深刻地理解和感悟，要求他们牢记不能过于偏离小说自身的时代背景，千万不可以过分追求异样化和个性化，防止失去阅读的根本意义。事实上，相当一部分小说都是特定时代的产物，其表现了作者对当时所处的政治社会的不满或对未来美好生活的执着追求；这些作品都具有这样的特点：故事情节起伏跌宕、主题思想明确、蕴含的意义深刻等。因此，教师在小说教学的时候应努力帮助学生抓住其中心、线索，尝试着去分析作者的意图，促进学生深入思考、深刻理解。

例如，分析《项链》中的主人公形象，可以做如下教学设计：

提问： 从上节课对情节的分析中大家已经明显地感觉到：使玛蒂尔德付出惨重代价的是她的过分虚荣。现在请大家总结一下，她的这一性格特点在文中主要体现在哪些地方，作者对她持怎样的态度？（要求学生尝试概括性地总结）

明确： 她对豪华奢侈生活的梦想；她对现实处境痛苦无奈的感受；她借项链时的动作心理；她在舞会上的陶醉；她在舞会后的逃走。

作者态度：讽刺。

提问： 玛蒂尔德的性格仅仅是"爱慕虚荣、追求享乐"吗？作者对她仅仅是讽刺吗？在当时的法国，女性只有凭借美貌和风姿，才可得到社会的认可；女性的意识和价值，只有在男子目光的观照下，才得到承认。她们毫无独立价值、社会地位可言。把女性视为玩物的恶劣的价值观念占主导地位，追求享乐、爱慕虚荣的风气弥漫于整个法国社会。在这样的背景下，你能从玛蒂尔德身上看到哪些闪光点？

（学生自由发言，发表自己的看法。可让学生联系现实来谈）

提示： 现代社会中，亲情在金钱面前被击得粉碎的事屡见不鲜，为了金钱利益的分割而相互仇恨的事也不少见。大家想一下，在那样的社会风气下，玛蒂尔德的所作所为有没有让我们感动的地方？

例如： ①赔项链她不说明、不拖、不逃、不赖、不买一挂假的去骗，表明她勇于负责、诚信的一面。②她不通过出卖色相这条捷径来既保全美貌，又偿还掉债务。她曾向往着被人艳羡，被人追求，而且在舞会上崭露头角就引起了男人们的注目与兴趣。此时，她完全可以陪部长或傍大款，从而轻而易举地还债，而且可以享受她所向往的生活。这样的例子在当时的法国、在今天的中国都是屡见不鲜的。可她没有这样做，为什么？因为她不愿以牺牲尊严为代价去换取那种生活。可见，她对自己的人格与尊严是很爱护的。③她"一定得去告诉佛莱思节夫人"的心态。十年贫穷生活的磨炼，不仅改变了她的容貌，更重要的是改变了她的精神。此时的她没有了十年前见佛莱思节夫人时的自悲自怨、自惭形秽和低声下气，有的是自在从容，多么的达观，多么的平和。

总结： 玛蒂尔德的性格具有不同的侧面，且经历了一个变化发展的过程。如果说前半部分表现其"爱慕虚荣、追求享乐"的性格，那么，后半部分则侧重于表现其"勇于负责、诚信、维护人格尊严"这一侧面，作者对她的态度也由讽刺进而变得同情、赞美。

（四）注重小说教学的创新

小说教学是现今高中语文教学活动的重要内容之一。在新课改不断推进的时代，小说教学作为一种人文教育，它必须适应时代的发展，需要教学策略的创新。

1. 依据定篇、例文、样本、用件处理课文

为了避免小说教学中的"四要素"模块教学一统天下，在小说教学中可以按照王荣生博士在《语文科课程论基础》中提出的语文教材定篇、例文、样本、用件等四种类型来处理课文。

作"定篇"来处理，即该单元全部的教材内容，都围绕着这一名篇，目的是使学生彻底、清澈、明确地领会课文。

作"例文"来处理,即目的是使学生学习既定的知识,也许是关于人物描写的知识,也许是小说结构的知识,等等,而课文(实际上是课文的某些方面、某些点)只是知识的印证举例。

作"样本"处理,即将其看成是现代小说的"样本",目的是解决学生在理解鉴赏此文时碰到或者应该碰到的问题和困难,在解决的过程中使学生学到读文、作文的"方法"。

作"用件"来处理,比如借《阿Q正传》讨论"国民性"问题,讨论"精神胜利法"等,在讨论活动中展开,进行相应或相关的听说读写训练和学习。

2. 利用多媒体将小说原著与改编影视作品进行比较欣赏

因为小说在改编成电影、电视时,要受到当时背景的影响,也受到改编者对原著的理解的影响,所以电影、电视所展现的内容经过了演员、导演、美工的再创作,与原著有着很大的区别。在教学中,教师引导学生将小说原文和电影改编进行比较阅读,让学生谈电影、电视改编的优劣,体会原著小说的语言魅力和精巧的艺术构思。通过比较,学生可体会细节处理的优劣,从而了解作品的匠心独运之处。

3. 聚焦兴趣点,自主创编

教师可以引导学生选择感兴趣的部分进行改编,在言语形式上进行创编,将故事改编为剧本。而在创编的过程中,学生可以结合现代生活中的元素,赋予其鲜明的时代气息,从而使其魅力得到更为广泛的伸展。将小说进行课本剧改编是一种展开小说教学的活动,是一种非常有效的教学方式。它不仅可以调动学生的积极性,还可以加深他们对小说作品的理解,提高他们的欣赏水平。学生改编剧本,就是对文本的再度创作;学生扮演文中角色,就是一种积极主动地参与课堂教学的活动。为了提高课本剧的质量,几个小组可同时排练,每个小组演完后,小组间进行互评。在互评的过程中,每个小组都有出色的演员,每个组都可找出最适合角色的学生出演,这样,课本剧就会不断完善,学生也在竞争中获得成功的喜悦和不足的反思。课本剧演完之后,学生还可以交流扮演角色的体会,可以举行简单的颁奖仪式。当然,也可以像媒体一样开新闻发布会,并且对出色的演员进行新闻访谈。

4. 多角度切入的复述课

将传统教学中通过学生找出作品的开端、发展、高潮、结局来熟悉作品的方式改为立足于作品的不同角色,从多个角度复述作品。这样的操作有两个效果:一方面学生熟悉了小说的情节;另一方面用一种潜移默化的方式让学生认真思考,并尽可能准确地展现其把握的人物性格特征。复述结束后,教师可以让学生从不同的角度进行探讨,为学生个性释放提供自由空间。

5. 读写结合，以写促读

叶圣陶先生说："从学生语言发展的诸多矛盾看，读写能力的发展是学生学习语文的主要矛盾方面，而促使读写能力发展的最重要的因素，一是读写结合，二是大量读写。"小说教学读写不分家，读与写是小说教学的双重重点；读与写可以互相促进，读可以为写做准备，反过来写又可以促进读更深更透。具体操作中，可以组织一些小说阅读活动，形式可以多样，如在阅读课上交流读书笔记；或组织读书交流会。交流会可以采取"演讲""座谈""辩论""专题讲座""读后感展示""小说原声配音"等多种方式进行。这样，学生不会因为小说读书交流会形式的单一而厌倦，并且锻炼了学生的能力，提升了语文素养。

下面，提供基于《项链》的读写结合教学设计。

一、从下面题目中任选一题或自己拟题，写一篇练笔。

A. 说说路瓦栽
B. 如何看待玛蒂尔德对豪华生活的"追求"？
C. 说说我们身边的"玛蒂尔德"

二、感动是一个温暖的词语，它离我们并不遥远，只要留意生活，你就会发现身边有着点点滴滴的感动。那一个会心的微笑，那一声关切的问候，还有那一个默契的眼神……那些美丽的瞬间汇集到一起，就是一个个动人心扉的故事。被这些感动的情节所濡染是一件多么幸福的事啊！有些感动既在意料之外，又在情理之中，这就是文学作品表现出的智慧和艺术。邹世华的小说《英雄一语》讲了这样一个故事：一位天生丽质的姑娘在遇歹徒抢劫银行时，挺身而出，被砍了数刀，保住了国家财产。当领导、同行、记者来到医院探望，等候着她的惊天动地的话语时，姑娘一醒来的第一句话是向人要一面镜子。结尾处，文章这样写道——英雄有些吃力地把镜子举起来，朝着自己的脸庞上下左右地照了一会儿。"没有伤着脸……"英雄又说了一句话，然后甜甜地笑了。两位领导面面相觑，《晚报》记者手中的笔在空中停下，只有录像机把英雄的笑真实地记录了下来。这样一个"陡转"的结尾，既在意料之外——出乎在场所有人的意料；又在情理之中——心灵美的姑娘也爱外表美。

既在意料之外，又在情理之中，这是小说常见的结尾方法。在写作时，一定要在前文作适当的铺垫，使情节的发展更自然、合理。当情节发展到一定程度之后，再进一步点明主旨，让文章的情节有巨大转变，进而让读者感到十分突然，在这种大起大落中，文章就会更加吸引读者。请你运用这一结尾方法构思并写作一篇文章。不少于800字。

第二节　高中散文教学

散文具有形式自由灵活、内容广博丰富、文字清新典雅、意蕴深远绵长等特点。散文是高中语文教材的重要组成部分，也成为高中语文教学的重点之一。

一、高中散文教学数量

从课文占比上看，以广东基础教育课程资源研究开发中心语文教材编写组编写的高中语文教材为例，必修5册书共20个单元中，散文占2个单元，为整个单元数的10%。两个单元共10篇文章，占必修5册书总篇数95篇的10%。

二、高中散文教学目标

同小说。

三、高考散文考查要求

同小说。

四、高中散文教学现状

散文究竟该教什么？散文教学的特点何在？什么才是真正的散文教学？对于这些问题，中学语文的实践者和研究者做的可能都非常不够。长期以来，在中学语文课堂上，教师一旦涉及散文，一般就只有"形散神不散""借景抒情""托物言志""情景交融"等似知识又似套话的几句说法。有统计数据表明，对于同一篇课文，不同的语文教师会有截然不同的内容选择。多数情况下，教师只是依据自己的阅读感受甚至只是参考他人的设计就决定了自己的教学内容。由于对散文文体特征的准确把握不够，在实际教学中误教误学的情况经常发生。

长期以来，教师在教授散文时忽视自己的个性化解读而采用模式化的方式：概括内容—提炼主题—分析手法，从而导致散文课堂死气沉沉，学生听起来也味同嚼蜡。长此以往，散文教学就成为高中语文教学"一块难啃的骨头"。此外，高中散文教学还忽视了教材所选文章的示范作用，把阅读和写作分离开来，忽视对学生的阅读和写作能力的培养。

学生阅读现代散文主要存在三类问题，一是阅读目的不明确，没有根据文体特点确定阅读目标；二是阅读意识不到位，文本细读的意识不强，该读到的地方没有读到，该读出来的东西没有读出来；三是生活体验的积累不丰厚，无法感受到文章的妙处。

王荣生教授概括目前散文教学的三个问题：一是散文教学不符合散文体式，把散文教成小说，教成说明文、议论文。二是散文教学不考虑当下阅读文本的具体特性，把"这一篇"散文教得像"这一类"散文，或将所有的散文教成同一类散文。三是不注重散文中蕴含的情感而去关注散文中所涉及的事物。

出现这些现象的原因是，长期以来，中学现代散文教学受到最主要的理论观点"形散而神不散"的影响，忽视散文教学中的文体教学，忽视"这一篇"散文的体裁、语体、风格。

五、 高中散文教学依据

散文是一种重在培养学生的理解能力、提高学生的审美能力、健全学生人格的文章。而在高考压力之下，教师在散文教学中倾向于讲一些答题术语与答题技巧，肢解文章，使得散文教学充满了功利性色彩，散文的本真与美感荡然无存。

散文是一种内涵极其丰富的文体，同一篇散文被不同的人阅读，其感受不尽相同，甚至有它的多义性与不确定性。而这种多义性与不确定性是由个体的人生经验决定的，也就是说，对散文，读者具有不同于他人的个性化解读。

肖云儒发表文章《"形散而神不散"的当初、当年和现在》，指出"二十来年的散文创作，随时代生活的变迁，随着一代一代作者观念的变化，早已远远超出了'形散而神不散'那个时代的话语场和欣赏场"，认为"随着时代的变化，应对散文之'神'作更宽泛的解释（如意蕴、情绪，甚至一种心理场）"，而不仅仅是主题和中心思想。

刘锡庆教授曾撰写《当代散文创作发展的几个问题》一文，从大和小、外和内、实和虚、文和野、热和冷等十个字、五对关系总结了当代散文创作发展所面临的一些深层次问题，指出散文在表现人、人性的深度上，大体有

五个层面,即"实生活"层面、"情感"层面、"性灵"层面、"心灵"层面、"生命体验"层面。

著名的散文研究理论研究者陈剑晖提出要将"诗性"作为散文理论建构的核心词,他认为散文的"诗性""建立在人的个体存在、人的生命本真和丰饶的内心世界,建立在事务的本原之上""是散文最具心灵性的表达和情绪起伏的内在旋律,是人对社会生活,对大自然的总体性感受""是流荡于万事万物和人的心灵深处的一种纯真的美质"。在这一论述的基础上,他从精神诗性、生命向度、人格智慧和文化本体性等层面来具体阐释"诗性"内涵。他进一步指出"散文是极自由极潇洒的文体,它的规矩就是没有规矩,它的形式就是没有形式。所以作为一个散文研究者,他要做的事就是以纯正的精神去接近散文的精神,以自由的心态去感受散文的自由,以炽热的心去拥抱散文的心"。

六、 高中散文教学策略

针对目前散文教学缺乏文体教学的现状,学者们经过努力探索出两条基本的教学思路。一是韩向东的"文体—教学",首先辨析了散文的文体特征,然后指出散文这一文学体裁在整体上应该教什么,最后确定具体种类散文的教学内容。二是郑桂华的"辨体—识人—断文—教学点的选择",首先认识散文的文体特征,其次了解作家的散文特点,然后分析某一篇散文的特点,最后是"教学点的选择"。两种思路实质上都是先认识散文的文体特征,再认识某一类或某一篇散文的文体特征,最后确定具体的教学内容。

散文教学教的内容,要符合散文特质,并与学生实际水准契合。这里蕴含着希望大家探寻散文特质的要求。用王荣生教授的话来讲,散文最核心的是精准的言语表达,作者独特的人生感悟。就现代散文而言,它不外乎"虚""实"二字,以"我"为主、因"实"出"虚"、以小见大。因此,通过品读散文独特的语言,读懂散文背后的情思和理趣是我们的重要旨归。

阅读散文是心与心的碰撞和交感。散文教学,从"教"的角度讲,关键是引导学生往作者的独特经验里走,建立学生与"这一篇散文"的链接,实质是建立学生的已有经验与"这一篇散文"所传达的作者独特经验的链接,引导学生往语句章法所表达着的丰富甚至复杂、细腻甚至细微处走。散文阅读的支点在情思和理趣,具体表现在语言、形象、感悟这三个要素。所以我们应该借助文本品味语言,感受形象,体悟情思和理趣,引导学生在形式美中去感受作者复杂的情感,从而获得精神上的愉悦和成长。同时,为避免生硬化的阅读鉴赏,在教学中教师还要注重提倡个性化的阅读,让学生在阅读中生成自己的理解和体验，促进其对文本的多元化理解。

优美的散文往往是浑然一体的，从语言到结构、从故事到情感都有其内在联系。从散文教学的规律来看，教师需要引导学生从整体上先了解作品，然后再细化到文本的字词，最后再拓展到对文本整体的重新构建。

（一）注重散文的语感教学，提高学生言语审美能力

在高中散文教学中，如果想要提高学生言语审美的能力，就必须从言语教学的核心教学部位——语感教学出发。语感教学，通俗地说，就是挖掘出作品中的优秀言语来吸引学生，促使学生的感知、想象、情感以及思维方面的发展，辅以读、写、听、说等实践活动，使学生在散文阅读时增强语感，有效地和作者的思想形成共鸣，从而提高言语的审美能力。在语感教学模式中，应该使用"解读者取向"，形成"读者—学生"的中心模式，使学生的语感能力能够与教材的言语统一化，与之适应，从而建立全新的语感模式，进而把别人的东西经过内化之后，形成自己的信息，通过言语把自己的东西表达出来。

（二）利用好文本的示范作用

教师要从文本的情思和理趣、谋篇布局、文脉结构、表达技巧等方面对文本进行深入剖析，并将这些知识由课内延伸到课外，融入写作教学中开展切实有效的训练活动，让学生把所学知识真正转化为自己的能力。

（三）合理确定教学目标

某些教学目标的设计出现偏执，其主要原因是对学生的实际需求不了解。因此，要走出偏执的误区，必须从学生的实际需要出发设计教学目标。以《荷塘月色》一课审美教学设计为例，大部分语文教师都将本课的审美目标定在"情感"这一主题上，认为"散文的文体角色就是呈现个体情感"。殊不知，学生到了高中阶段，关于借景抒情的写法已然烂熟于心，放手将大量时间放在学生自主探究作者情感上，显得重复无新意。而下面的教学设计则更符合学生需求。其设计要点是，以"看"作为景物审美的切入点，将"意象"作为这篇散文审美的中介，要求学生找出所能看到的景物意象，并对其所体现出来的画面色彩进行讨论探究。同时，引入另一散文作品《听听那冷雨》，让学生对两篇文章"一暖一冷"的情调进行对比，并找出体现不同意境情调的意象进行品味分析，使学生明白，散文景物的温度体现着作者的心理温度。

确立一节课的教学目标，既要从文本特点出发，又不能只盯在一篇课文

上,要树立"大语文"的教学观念。从整体出发,把眼前所教的"这一课"放到一单元、一册书、一个学年、一个学段(高中阶段)乃至课程标准的总体要求上来考虑,使其上下关联,互为照应,分解合理,体现出科学的序列性。这样,就不会为教一课书而教一课书,以致脱离教材,失去"语文味"。一篇课文教学目标的确定,其思路是,基于课文,紧扣教学单元,体现一册书、一个学年或一个学段的要求,关联语文课程标准总目标,找准位置,分解合理,落实到具体课文教学中。

例如,人教版教材《语文》高中第一册第二单元是学习中国现当代散文和外国散文。学段目标是培养欣赏文学作品的能力,这也是新课程标准的要求。单元重点为:整体把握思想内容和艺术形式,品味语言,赏析表现手法。那么,四篇课文的教学目标侧重点就可分别确立为:

《荷塘月色》:能结合语境,品味词语、句子的含义及其表达效果;学习文章运用比喻、拟人、通感、叠字等形象地描写景物、表情达意的方法;在写作中借鉴作者运用语言的技巧。

《我的空中楼阁》:领悟本文托物言志的艺术手法的巧妙运用,感受清新、优美、生动的语言魅力。

《我与地坛》:把握文章脉络线索,学习、借鉴本文借景抒情、情景交融、饱含感情、充满哲理的写作手法。

《花未眠》:理解本文所阐述的关于美和审美的问题,体味作者从自身感受起笔,以小见大、深入浅出、联类引申的写法。

这样从教材整体出发,在观照课程目标、阶段目标和单元目标的前提下设计每课书的教学目标,就不会出现热热闹闹作秀、探究目标不明的课了。

(四)重视散文阅读教学中的教师指导

阅读是一种技能,要养成这种能力,需要经历一个自觉锻炼和训练的过程。但散文阅读的重点在于文本,要引导学生走进文本,与文本对话,因为"阅读是处理信息、认识世界、发展思维、获得审美的重要途径"。但是"阅读教学是学生、教师、教科书编者、文本的多重对话",在散文阅读教学中进行理论指导是很有必要的,了解这一文学体裁的基本特征以及主要表现手法,才不会陷入无序化、低效阅读的泥潭之中。在教学中,要指导学生走进文本,了解渲染、衬托、铺垫、象征、对比、以小见大、先抑后扬、托物言志、前后呼应等表现手法;学会整体感知并理解文本内容,理清思路,概括要点,关注作者所抒发的情感或蕴含的人生哲理;学会鉴赏、评价文章的优劣得失等。

（五）加强理清散文思路的训练

加强理清散文思路的训练，对提高我们把握文章的准确性、深刻性和条理性是很有益处的。文章的思路通常表现在文章的取材、线索、顺序、开头、结尾、过渡、照应、段落层次的关系等方面，理清文章思路可以从这些方面入手。例如，散文通常都有叙事、抒情、写景的线索，抓住线索就等于把握了文章意脉。从文章结构看有总分式、承接式、并列式、递进式等结构形式，理出结构层次，思路也就清楚了。不同的文章，思路不同，阅读时理清思路的方法和途径自然也不同。议论性的文章讲究观点和材料的关系，阅读时要注意分析推理过程和各部分之间的逻辑关系，注意画出各段的中心句；没有中心句的段落，要归纳出每段的要点，从而了解作者思维流程中的每一个凝聚点。

（六）重视关键句或文眼教学

一般说来，一篇文章中的关键语句总是有表征可循的。从内容上看，要抓住能揭示文章题意、主旨的语句，抓住每一个段落中那些能概括段意的语句；从表达方式上看，要注意文章中那些直接抒情或间接抒情的句子，注意那些发表议论的语句；从结构上看，要注意领起后文或收束前文的语句，前后呼应或承上启下的语句，有重要指示代词的语句，位于全文或全段开头、结尾处的语句等；从修辞上看，要注意那些运用了比喻、反问、排比、象征等手法的语句以及语意比较含蓄的语句等。

文章中最能显示作者写作意图的词语或句子叫"文眼"。"文眼"是窥看主题思想的窗口，理清全文脉络的筋节，掌握文章各部分相互联系的关键。清代学者刘熙载说："揭全文之旨，或在篇首，或在篇中，或在篇末。在篇首则后者必顾之，在篇末则前者必注之，在篇中则前注之，后顾之。顾注，抑所谓文眼者也。"也就是说，文眼是文章的精神凝聚点，能点出文眼，就是读懂文章的一个标志。

（七）综合运用多种教学策略

一篇散文往往会用到很多种教学策略。例如，在《荷塘月色》的教学中，我们往往会抓住文眼"这几天心里颇不宁静"，充分利用关键句子"忽然想起日日走过的荷塘""这一片天地是我的，我也像超出了平常的自己……什么都可以做，什么都可以想""酣眠固不可少，小睡也别有风味"

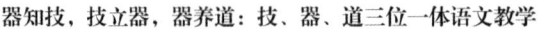

"但热闹是它们的,我什么也没有""突然忆起《西洲曲》里的句子"等引导学生理清思路,把握文章主旨;又常常会以文章第四至第六自然段的情景交融作为训练学生景物描写的范本;而在把握这范本、理解作者思想情感的时候则会运用朗读教学进行语感训练。可以说,《荷塘月色》是一篇综合运用以上策略进行教学的典范文章。

第五章
技、器、道三位一体实用类文本阅读教学

传记最个性化的"技"是其真实性和艺术性的结合,对这一结合的把握和运用得好,学生便能真正体会到传主的人格灵魂和事业伟大,并内化为人生滋养("道")。

在新闻文本中传播主体并不总是用规范、客观的叙述语言("技")来再现事实,往往还会有意采用一些"变异语言"("技");新闻体裁多样,都有其独特的文体特征(无不关乎"技")。有效的新闻教学可以提升信息素养、媒介素养,让学生关注民生、社会和国家民族的复兴,从而培养良好公民("道")。

论述类文本以议论("技")为主要表达方式,重视思想的深刻性、观点的科学性、逻辑的严密性、语言的准确性(无不关乎"技")。论述类文本教学有助于培育和提升高中生理性思维能力,有助于高中生深化对自然、社会和人生的思考和认识,有助于高中生确立正确的人生观与价值观("道")。

第一节 高中传记阅读教学

传记,简称"传",是记载人物事迹的文体。传记大体可分为两类:一类以记述历史事迹为主,忠实于传主的生平,如史传或一般纪传文字等。一类以史实为根据,但虚构、演义内容较多,文学色彩强烈,如传记文学。

一、高中传记教学数量

从课文占比上看,以广东基础教育课程资源研究开发中心语文教材编写

组编著的高中语文教材为例，必修5册书共20个单元中，传记占1个单元，为整个单元数的5%。1个单元共5篇文章，占必修5册书总篇数95篇的5%。在选修教材中有《传记选读》，全是传记。

二、高中传记教学目标

传记在《普通高中语文课程标准（2017年版）》里主要集中在"学习任务群9 中国革命传统作品研习"，标准提出，"本任务群旨在阅读和研讨语言典范、论辩深刻、时代精神突出的革命传统作品，深入体会革命志士以及广大群众为民族解放事业英勇奋斗、百折不挠的革命精神和革命人格；学习在中国特色社会主义建设过程中涌现的英雄事迹，感受其无私无畏的爱国精神；进一步发展语言运用能力、思维能力和审美鉴赏能力；陶冶性情，坚定志向，形成正确的世界观、人生观和价值观"。

三、高考传记考查要求

《2018年普通高等学校招生全国统一考试大纲》（语文）中写道：阅读和评价中外实用类文本。了解新闻、传记、报告、科普文章的文体基本特征和主要表现手法。阅读实用类文本，应注重真实性和实用性，准确解读文本，筛选整合信息，分析思想内容、构成要素和语言特色，评价文本的社会功用，探讨文本反映的人生价值和时代精神。

1. 理解
(1) 理解文中重要概念的含义。
(2) 理解文中重要句子的含意。
2. 分析综合
(1) 筛选并整合文中信息。
(2) 分析语言特色，把握文章结构，概括中心意思。
(3) 分析文本的文体特征和主要表现手法。
3. 鉴赏评价
(1) 评价文本的主要观点和基本倾向。
(2) 评价文本产生的社会价值和影响。
(3) 对文本的某种特色作深度的思考和判断。
4. 探究
(1) 从不同角度和层面发掘文本反映的人生价值和时代精神。

（2）探讨作者的写作背景和写作意图。
（3）探究文本中的某些问题，提出自己的见解。

四、高中传记教学现状

在实际的教学中，传记教学下手容易，但要讲得精彩，把学生"抓"到课堂上，并且能够主动地参与进来，却非常难。笔者认为，有这样的一些难点，值得大家在教学中共同探讨：

（1）所选的传记，部分是节选而来，一旦节选，则传主的事迹难窥一斑而知全豹。

（2）外国的传记，由于文化视野及民族传统、审美观的差异，会给学生带来大量的阅读上的困难。

（3）教传记的目的是让学生得到精神上的熏陶感染和人生的感悟，可是在课堂上，大多数教师关注更多的是修辞手法、句子理解、时代背景等，而不太重视学生在思想上有所共鸣，在行为上有所规范，在情操上有所提升或反思。

五、高中传记教学依据

在对失落的人文精神的一片呼唤声中，一个不争的事实越来越清晰地呈现在人们面前：中学生除了社会世界和知识世界外，特别需要一个丰富的心灵世界，这直接关系到学生的人文素质；而传记恰恰具有健全人格、完善心灵的作用。正如有位作家所说的："读传记其实并非仅仅是为了增添知识，而是在这个过程里反观自身，是一个寻求自我确认的过程，这个自我确认的内容包括自己的价值观，自己在社会上的坐标点，对人生事业是否具有某种根据性的自我质询……读某些传记就是一种隔世交流，它成为一种迫切的精神需要。"正因为如此，传记教学被推上了语文新课改大潮的浪尖，传记教育甚至被视为实现素质教育的一条重要途径。

传记本身具有独特的教育功能。四川外语学院社科系的何元智教授在其文《简述传记文学的功能》中明确指出，传记有"教化功能"，"它可通过效法传主的榜样，达到人格教育的目的；它可通过传主精神力量的张扬，实现国家民族的牢固凝聚与长期强盛"。和其他教材相比，"传记选读"更为强调思想情感、价值观方面的教学目标，更能对学生进行励志教育；"传记选读"与高考中"实用类文本阅读"接轨，对培养学生的语文学习能力具有重要的作用。但传记类文本课文篇幅长，知识点多而散，在实际教学操作

中往往不易把握。如何兼顾励志教育与语文能力教学两方面的要求，是上好"传记选读"的关键。

六、高中传记教学策略

1. 采用问题式教学法

传记教学过程也应该是一种双向的、互动的、互为条件的思维碰撞和心灵交流的过程，是学生和老师共同参与、共同创造的过程。因此，教学中要为学生的个体阅读提供充足的时间，给他们提供良好的环境和条件，让学生自己阅读，自己学会阅读，让学生在阅读过程中自行发现、自行建构文本的意义。教师可以通过设定与实际相符合的问题情境，指导学生在对问题进行解决的过程中，主动对新知识以及新技能进行学习。具体讲可以是，在教学活动中师生双方提出问题，师生之间、生生之间分析问题，最终达到解决问题的目的。也可以是，教师提出问题，学生带着问题有目的、有方向地自学教材，然后根据自己的观点在生生之间进行合作交流，讨论之后仍然不能解决的问题再和教师进行交流，教师适时有针对性地引导、点拨，帮助学生解决问题。需要注意的是，在实际运用教学中，除强化教师与学生之间的良好交流与沟通外，还应进一步强化学生之间的互问互答形式。这种教学法叫问题式教学法，它几乎适合于每篇人物传记类文本，容易操作，教师设计好关键的有效的主问题之后让学生思考、合作探讨，提出疑难点，教师就疑难点进行点拨，就可以创设生动活泼的有效课堂。

2. 通过类文链接方式教学

在所选的人物类传记文本中，从传主选择上看，多是在某一领域有重大影响的人物，如科学家、军事家、艺术家、文学家等，这些名人身上所体现出的特点和精神有很多相似之处，如困难中的磨炼、艰辛面前的坚持、生活里的幽默等；这些都是人生的营养剂，也正是人生的真谛。在教学中，通过类文链接的方式，让学生读到与该人物有关或相似的故事，让学生看到一个真实的传主，体悟人生的真谛。例如，在《为世界工作》中，可做以下教学设计。

应用拓展（二选一）：

（1）马克思学识渊博，勤奋工作，刻苦学习。通过课外阅读搜集关于马克思勤奋学习、刻苦钻研学问的材料和事迹，至少搜集四则，摘抄在笔记本上。

（2）古今中外，像马克思这样为了事业而不惜牺牲健康、忘我工作的事例实在是太多了。我们为他们的这种精神所打动,但也有人提出了一些看法,他们认为爱惜自己的健康才能更好地为社会做贡献。那么对于"事业与健康"两者的关系你们是怎么看的呢?请以此话题写一篇议论文(字数不少于800字)。

3. 采用对比阅读策略

常常有同一人或事被不同作者记录,于是传记呈现出很多"不同",对于这种"不同",我们可以通过拓展比较进行趣味学习。

首先,通过对比阅读,比较不同传记的优劣或特色。像在人物性格刻画上一般都会采用语言描写,我们通过比较其中的语言描写,仔细分析所用语言的不同。如《苏武传》中,当苏武在得知张胜牵扯到叛乱中和张胜所说的话之后,和常惠以及最后和卫律说话的方式和态度都有明显不同。《廉颇蔺相如列传》中蔺相如和赵王、秦王、廉颇说话的方式也是不同的。那么这两篇文章就可以比较、学习。

其次,通过对比阅读,比较传记素材选择和作者的关系。如邓小平女儿的《我的父亲邓小平》和英国作家伊文思的《邓小平传》都写了邓小平在哈金森工厂的经历,但由于作者的身份国别不同,对于素材的选择也不同,呈现出来的人物也是不同的。通过比较阅读,学生能探讨事实和材料之间的关系,更好地了解传记的写作特征。

4. 抓住文中素材,生成教学

例如,在《我的父亲邓小平》的教学中,我们可以引导学生学会搜集传主的大量相关资料。具体来说,是让学生查阅档案文献。同时,可以让学生找出本文当中使用的档案资料,说说使用这些资料有什么好处,以帮助学生理解传记的真实性。又如,在《铁肩担道义》的教学中可以设计如下一个问题:本文使用了李大钊自己的一些文章、被捕以后的自述以及当时的一些新闻报道等。请找出这些资料,说说从中可以看出李大钊是怎样的一个人。再如,《遨游在建筑天地间》在写法方面最有特点的是:善于使用各种资料。文中使用了传主的书信、笔记,同事同学、学生、国际友人、西方同行的回忆等资料,这些材料的观察角度各异,但都能体现出传主的精神面貌,起到了增强作品历史深度与情感力度的作用。教学中可以如此提问:你觉得本文在写法方面的长处主要表现在哪里?

5. 通过他人对史料的评价来更全面地认识传主

如《廉颇蔺相如列传》中,人们在赞扬蔺相如以大局为重等美德的时候,课外链接明代王世贞的《蔺相如完璧归赵论》,人们对蔺相如如此巨大反差的评价,必然会引起学生的争论,让学生在质疑和辩论中获得自信并形

成自己的见解。

6. 读写结合，升华生命意识

每一篇传记节选都是很好的写作材料。教师在教授完每一节课的时候，都可以让学生进行几百字的写作练习，针对名人事迹，写出自己的感想或评价。教师可以通过随堂练笔的形式，让学生对传主的事迹、精神等做个性化的解读，让他们有感而发，写真情实感和佳句美篇，升华生命意识。

例如，学完《我读一本小书同时又读一本大书》后可以进行以下写作训练：学会用真实的笔调写出自己的真情实感，选取童年生活的一个片断，写自传。而学完《在寻找"野败"的日子里》后，可以设计这样的练习：袁隆平是怎样抓住机会的？我们应该怎样看待机会？针对以上问题写一段不少于50字的议论性文字。在学完《布衣总统孙中山》后，可设计练习如下：课文标题将"布衣"与"总统"两个看似矛盾的词结合在一起，却很精练地概括出了孙中山的光辉形象。请你依照这一结构写一人，题目自拟。例如，"乞丐富豪×××""文盲教师×××""富豪农民工×××"等。

7. 丰富教学实践活动

语文学科兼具人文性和工具性，坚持其工具性，就是要注重语文课程的实用价值和效能，强调在实践中学习语文的途径和规律。《普通高中语文课程标准（实验）》指出应引导学生增强应用意识，注重在生活和其他学科的学习中学习语文，在广泛的实践中提高运用语言文字的能力。我们在传记教学中，为了实现阅读和励志的两大课程目标，可以开展多种多样的实践及讨论活动。例如可以结合相关影音视频，试写小传、访问名人、反思自己性格等。如杜甫、鲁迅、毛泽东、比尔·盖茨等人物都有很好的影音视频，学生可以自行欣赏。学生也可以给周围的人——老师、同学、亲友——写一篇传记；或者通过调查走访，给当地各条战线上的工作者写一篇传记，去品味他们的人生经历以及蕴含的丰富的人格魅力。总之，通过丰富多彩的有效载体，让学生在热情和兴趣的包围下，既学习了传记知识，又获得了人格提升，达到"知、情、意"的和谐发展。

8. 拓展课外阅读

传记深入到现实生活的各个领域，鲜活而又真实地再现生活的画卷。传主坎坷曲折的情感波澜、多姿多彩的生活风貌和作者所精雕细琢的生活细节，最容易吸引学生。学生对传记的兴趣已不仅仅是书籍本身，还包含着对传主的某种好奇、喜爱、崇拜等心理因素。当学生对阅读内容感兴趣、原有的情感与生活积累被调动唤醒、身心处于最佳状态时，学生会积极主动地、兴致高昂地投入到阅读中去，而领略到传记艺术魅力的学生，肯定愿意更长时间地流连在传记的天地里。在传记教学中，要让学生走进不同人物真实的内心世界，认识历史变迁中的人的生活和命运，大力拓展课外阅读，可从传主角度拓宽，可从精神品质延伸，还可从人物身份的层面丰富，从人物事迹中生发，并感受到丰富伟大的人性世界，帮助学生充分领略传记的魅力，激发他们的阅读兴趣。

第二节　高中新闻阅读教学

当今世界，我们的生活越来越离不开新闻。据统计，全世界每年发生的新闻信息超过 100 亿条。对于喜欢追求新鲜事物的中学生来说，每天发生的各种各样的新闻具有巨大的吸引力。随着信息社会的迅猛发展，手机、网络、电视、广播、报纸、杂志、各种交友平台等媒体，时刻在吸引着他们的眼球，刺激着他们的兴奋点，也考验着他们辨识真伪、快速掌握要点的能力。

一、高中新闻教学数量

相对于 2003 年以前旧教材中仅选入两篇新闻文本，现行教材必修本都有新闻教学单元，还有选修教材。广东基础教育课程资源研究开发中心语文教材编写组编写的高中语文必修教材中有 1 个单元，占必修教材总单元数（20 个）的 5%，另有选修教材《新闻阅读与写作》。

二、高中新闻教学目标

新闻的学习主要集中在《普通高中语文课程标准（2017 年版）》中"学习任务群 7　实用性阅读与交流"里面。该任务群的学习目标是"学习多角度观察社会生活，掌握当代社会常用的实用文本，善于学习并运用新的表达方式""丰富学生的生活经历和情感体验，提高阅读与表达交流的水平，增强适应社会、服务社会的能力"。

三、高考新闻考查要求

同传记。

四、高中新闻教学现状

王士超在《高中语文新闻作品教学的现状调查及分析》中谈到学生的新闻阅读现状：在日常生活中基本不关注新闻也不读新闻作品的学生占74%；能够在5分钟左右完成一篇新闻阅读的学生占33%，还有3%的学生需要15分钟以上才能完成一篇新闻作品的阅读；认为在学习新闻作品中最困难的是情感态度价值观判断的学生占47%；希望在新闻作品的学习中加入课外知识、课外阅读文章的学生占87%；还有51%的学生觉得有必要开设新闻写作课。

该文也谈到新闻作品的课堂教学现状：53.85%的教师常用讲授法；84.62%的教师认为在教学中新闻的阅读和实践都重要；100%的教师都认为阅读新闻作品能够帮助学生提高信息提取能力。然而，在新闻作品的教学中对学生进行过区分观点和事实的训练的教师占46.15%，没有训练过学生这方面能力的教师占53.85%。

当前，高中教材中新闻类作品教学也存在一些问题，比如：把新闻作品当成一般的文章来教；把新闻作品阅读课当成议论文、记叙文阅读课来教，分析其中心思想、修辞手法、艺术技巧等把新闻当成新闻理论课来教，分析新闻的结构（标题、消息头、导语、正文、结语等）；或习题化，在教授新闻类文本时，往往采用做习题的方式来加深学生的理解和认识；等等。

最适宜的阅读方法是快速阅读，这就需要教师在实际教学中加以引导和进行有效的教学训练。

五、高中新闻教学依据

如顾黄初、顾振彪的论著所言："选入的新闻作品应该以卓越的思想和见解启迪学生，以精确流畅的语言为学生提供示范，同时也能够多角度地培养学生阅读、写作等方面的能力，拓展学生的知识面。"

站在知识积累的角度定位新闻教学的目标，就是让学生通过阅读各种形态的新闻作品，了解新闻文体的要素与特点，培养学生对新闻的兴趣和接受媒体信息的习惯，以开阔视野，生成信息意识。

新闻文本的传播主体并不总是用规范的、客观的叙述语言来再现事实，往往还会有意采用一些"变异语言"，蕴藏某种难以一下子说得清楚、道得明白的事理和意味，表达一些特殊的言外之意和象征意义。因为新闻文本一旦生成，便具有一定的独立性，会包含一些连创造文本的传播主体也觉察不到的意态信息，而这些信息却可能在接受主体开放性的解读中得到理解和阐释，从而使新闻文本释放出意想不到的深层价值，使接受主体能够从中体味、顿悟出些许拍案叫绝的道理来。

《普通高中语文课程标准（2017年版）》中的教学提示为："新闻传媒类内容，在分析与研究当代社会传媒的过程中学习。如自主选择、分析研究一份报纸或一个网站一周的内容。分析其栏目设置、文体构成、内容的价值取向，撰写文字分析报告，多媒体展示交流。推荐最精彩的一个栏目、不同体裁的精彩文章若干篇，并说明理由。尝试选择传统媒体和新媒体写作。"

六、高中新闻教学策略

（一）紧紧把握体裁特征，警惕散文化

现行各版本高中语文教材中的新闻作品有三种体裁：消息、通讯和报告文学。虽然同为新闻作品，但这三种体裁有着各自不同的特点，因此，在教学中，要依据不同体裁新闻作品的特点采取恰当的教学方法，做到"因文而异"，灵活多变。特别要紧紧把握体裁特征，警惕散文化，如把教学的重难点放在语言赏析上；警惕小说化，如按照一般小说阅读的模式教学。以《包身工》为例，有的教师采用"线索教学法"讲解，指出《包身工》有主副两条线索，主线索是包身工的日常生活，副线是包身工制度的起因和发展。在整个教学设计中，该教师仅仅根据主副两条线索分析这篇课文的结构特点，却没有讲清楚主线索是新闻事实，副线索是新闻背景资料。这样的教学设计只是按照一般小说阅读的模式进行解读，完全脱离了报告文学的文体特征。新闻作品的阅读更侧重于对新闻元素的阅读，即对新闻基本要素、一般构成和基本特征的阅读。

比如，对《我三十万大军胜利南渡长江》可做以下教学设计。

（1）导语是消息的第一段或者第一句话，是消息中最主要的事实，是最重要、最有影响力的材料，是本则消息报道的价值所在。本文的导语是什么？

（2）说一说本则消息的五要素分别是什么。

（3）结语是对消息达到的结果或后期将要发生的事实做概括介绍。文章的结语是什么？这篇消息让我们及时了解了什么事？你有什么感受？

（4）2018年6月，广东北江中学高二年级同学参加了全省学业水平考试。请根据有关情况，写一则消息。

(二) 多角度、多层面发掘，重个性化解读

新闻教学要善于引导学生从不同角度和层面发掘文本反映的人生价值和时代精神，探讨写作背景和写作意图，探究文本中的某些问题，提出自己的见解。

例如，在《东方风来满眼春》的教学中，教师可设计以下一道思考题。

《春天的故事》这首歌是这样开始的："1992年，又是一个春天……"唱的就是邓小平在深圳考察的故事。请找出小平同志这次深圳谈话的核心观点和相关的重要信息，联系《春天的故事》这首歌的歌词畅谈小平同志这次谈话的重要意义。

(三) 探究新闻本质，培养批判能力

在新闻阅读的教学中，语文教师不仅要培养学生分析新闻文本的基本结构和构成要素的能力，还要培养学生质疑、批判、评价新闻信息的能力。

为了实现以上教学目标，教师可以选择广播电视和网络等不同媒介的新闻，启发学生思索比较深刻的问题。例如，如何界定新闻？目前传播新闻信息的媒体有哪些类型？新闻文本的创作主体是谁？他们用哪些语言和语言符号创作新闻文本？什么是自媒体？自媒体与主流媒体有何不同？或者分析报纸的版面、标题、图片、语言，分析电视的画面、声音、文字，分析网络新闻的编辑方式，进而比较报纸、电视、网络对同一新闻事件的报道，讨论不同媒体为什么会有不同的报道角度。

(四) 提升信息素养，培养良好公民

以新闻阅读为载体的高中语文阅读课程的选修课程，要关注学生的现代公民素养，即关注学生面对信息、认知信息、甄别信息并寻找能够激荡自身心灵力量的能力。语文教师需要关注超越知识积累的可能性，理解新闻阅读，通过新闻阅读实践去培养学生的现代公民素养。例如，在《东方风来满眼春》的教学中，教师可以关注邓小平同志的以下一系列话语："邓小平……说：可以划出一块地方叫作特区。……要你们自己搞，杀出一条'血路'。""小同志说，改革开放胆子要大一些敢于试验……看准了的，就大胆地试，大胆地闯。……没有一点闯的精神，没有一点'冒'的精神，没有一股气呀、劲呀，就走不出一条好路，走不出一条新路，就干不出新的事业。""小平同志向码头走了几步，突然又转回来，向李灏说：'你们要搞快一点！'"让学生分析作者为什么要列出这些话来，进而让学生读出小平同志对开放的

态度，亦可以看出作者（代表着当时社会的改革者）对改革开放的迫切要求程度，再引导学生"鉴古知今"，懂得开放的成果来之不易，国家的富强、民族的复兴"我们也责无旁贷"，让学生内心荡起"国家兴亡，匹夫有责"的冲动。例如，在《英雄潇洒走苍穹》的教学中，教师可以引进大国工匠的诸多事迹或文章，让学生认同他们对职业的高度责任感、自豪感、荣誉感和使命感；可以组织航天人的英雄事迹学习，让学生学习中国航天人牢记党和人民的重托，满怀为国争光的雄心壮志，自强不息，顽强拼搏，团结协作，开拓创新，特别能吃苦、特别能战斗、特别能攻关、特别能奉献的载人航天精神。

（五）进行探究、合作教学

新闻文体是现代化教育事业发展的产物。如果高中语文教师用传统的教学方法进行新闻文体教学，不仅会使学生丧失学习兴趣，还会使新闻文体教学课堂变得枯燥、无味。对此，高中语文教师应当不断创新教学方法，激活新闻文体教学课堂，从而提高新闻文体教学质量，促进学生发展。教师可以结合社会发展，选择时事热点，并以此为教学素材开展探究性教学，培养学生分析、评价新闻的能力。在探究的过程中，教师可以引导学生在网上搜索材料，并进行材料总结、分析，表达出自己的观点。同时，教师可创设一个自由交流的平台，使学生能够相互交流意见、观点，从而真正提高新闻文体教学的质量。

比如，《喜看稻菽千重浪》教学后，可以设计如下探究练习：鲁迅在《中国人失掉自信力了吗》中指出："我们从古以来，就有埋头苦干的人，有拼命硬干的人，有为民请命的人，有舍身求法的人……这就是中国的脊梁。"你认为本单元新闻中的人物，都是"中国的脊梁"吗？请说说理由。

（六）增强新闻教学的实践性

在实际教学中，教师可以适当拓展知识面，使学生了解新闻采访和新闻写作的流程，进而引导学生开展新闻实践活动。对于有条件的学校在新闻教学中应该充分发挥多媒体的作用，比如可以引导学生区分广播、电视新闻稿与报刊新闻稿的不同，试着把教材中的消息或通讯改成广播电视新闻稿后进行播报，这不仅是对学生分析对比能力的锻炼，更可以提升学生对新闻的阅读兴趣，培养学生客观理性的思维。新闻在语文课外教学中有着广阔的天地，校内黑板报、墙报、校报社团、记者站（团）、校园广播站，以及校外的社会调查、新闻采访……无一不闪耀着新闻的光芒。

例如，在《东方风来满眼春》的教学后，教师可以请学生将此文转换成

消息。具体设计如下:

(一) 改写

活动规则

1. 以小组为单位,建立别具特色的模拟报社,在最短的时间内为自己的报社起一个社名。

2. 组内分工:一人执笔,一人准备发言,其他社员收集提取信息。

3. 注意消息写作的要求(精、准、快)。

①规范格式:标题、导语、主体(结尾);

②明确内容:每部分具体该写什么;

③语言简明朴实;

④速度快。

4. 字数:100 字左右。

5. 时间:6 分钟。

6. 写好后迅速交给教师,按时间编号。

(二) 点评

1. 本报社社员发言;

2. 请其他报社社员点评(形式和内容),教师适时点拨;

3. 选评最佳新闻。

(三) 新闻标题再创作

1. 明确要求。

(1) 标题制作的要求:准确、简约、传神。

(2) 标题的风格。

①用平实的语言进行创作;

②用富于文采的语言进行加工。

(3) 标题拟写方法。

①形式上:单行、多行标题的运用;

②内容上要高度概括新闻事实,明确正题、引题、副题各自的功能;

③语言上:可平实,也可在文采方面加工润色。

2. 黑板展示。

酝酿好了的同学上黑板写出来,时间为 3 分钟。

3. 点评。

(七) 开展新闻写作教学

新闻写作教学也是新闻单元教学的重要组成部分,它与新闻阅读教学之间有着较强的关联性,是增强学生写作实践的重要途径,是提高学生语文素养的重要环节。教师可以带领学生走进校园和社区,并指导他们在观察与分析生活中的人和事的时候,要及时地记下自己的疑问和想法。同时,教师还应引导学生运用问卷、网络、调查、访问等途径获取新闻材料。此外,教师可以亲自参与到新闻写作实践中,与学生一起观察生活,选取新闻材料,进行新闻写作,以带动学生的写作热情。

(1) 关于通讯。

通讯有许许多多名目,如:特写、专访、侧记、札记、巡礼、速写、集纳、散记、记者来信、新闻小故事,等等。人物通讯作为其中最主要的一种新闻载体尤其引人注目。下面以任务通讯为例具体讲述通讯的写法。

①人物通讯的含义和类型。

人物通讯就是以人物为中心报道对象,通过一个人物或一组人物新近的行动来反映时代特点和社会面貌的一种通讯形式。

人物通讯是报刊、广播、电视上最为常见的通讯形式之一。它以人物的新近行动为新闻,重在表现人物的品质、性格和精神面貌,通过个别显示一般,达到揭示时代特征、感染教育读者的目的。

人物通讯中的人物当然要具有新闻性。从实际报道的情况看,这些能够进入通讯中充当主角的人,大致上有这样几种类型:

第一种,各行各业的英雄模范人物。如雷锋、焦裕禄、王进喜、张海迪、孔繁森、徐虎、李素丽等,都是由人物通讯向全社会推出的楷模。这样的人物通讯,社会影响最为广泛、深远。

第二种,人们普遍关心的社会名流。如著名科学家、社会活动家、爱国人士、运动员、演员等。这样的通讯在报刊上占有相当多的数量,有些报刊甚至可以通过报道这样的人物来吸引读者,提高报刊的发行量。

第三种,在平凡的生活和工作中体现了某种人生价值的普通人。这是近年人物通讯题材发展的一个趋向。

第四种,某些对社会有警示作用的反面人物。

根据基本结构形态的不同,人物通讯有这样三种类型:

第一种,传记式。其特征是较完整地写出人物一生的主要事迹,篇幅较长,内容丰富。

第二种,特写式。其侧重于写人物的一时一事,或某一侧面。虽然比一般的特写涉及范围大得多,但属于集中于一事、一个侧面的写法。真正写一时一事的人物通讯,现在也很常见。

第三种,群像式。特点是报道对象不止一个,而是一个集体中的若干人,或是同一时空范围内的几个同类人。

②常用手法。

A. 注意表现人物性格的特异点。

B. 在矛盾冲突中写人。

C. 借他人之口刻画人。

D. 借景写人。

（2）关于采访。

采访就是搜集寻访。也专指新闻采访，即记者为取得新闻材料而进行的观察、调查、访问、记录、摄影、录音、录像等活动。它是一种媒体信息的采集和收集方式，通常通过记者和被获取信息的对象面对面交流。

A. 全面了解采访对象。

从现有材料、与人物直接沟通或侧面了解采访对象与众不同的地方，熟悉与采访对象相关的知识。

如采访马拉松选手，要了解马拉松长跑的距离，半程与全程之分，注意事项是什么。

B. 确定主题，列出采访提纲。

一篇文章如果没有主题，就没有必要写。而且一篇文章只能有一个主题，不能有多个主题。准备从哪几方面着手写，是采访提纲的主要内容。

如采访马拉松稿，有几条是必须采访的：个人成长经历，家庭情况，兴趣爱好，为什么要去跑马拉松，跑的成绩和名次，平时是怎么练的，练和跑的过程中有些什么曲折经历，等等。

采访的经验是锻炼出来的，熟练之后不用列提纲都会采访。

C. 约请与准备采访环境。

当面或电话约请。如果采访不到第一主角时，可以采访其周边的人，如同事、家人、熟悉他的人。

采访地点要安静，休闲式。

D. 现场采访。

采访之初，要给采访对象留下好印象。

问简历。

用半小时左右问时间表，即问他的简历。人在被问及过去时往往比较放松，可以任意去讲。采访时可以让受访者回顾童年，他会很高兴，后面他就可能讲出他原本不愿意讲的东西。

问细节。

细节是最打动人的，细节能使通讯稿件丰满，读者会感觉被带入现场，使通讯具备非常强的现场感。如果你不问，被采访对象不会意识到细节的重要性。要了解哪些跟通讯有关、哪些无关，只追问有关的细节。细节问得越详细越好，尺度掌握在以不让对方厌烦为佳，有点烦都没关系。

主要的细节问题到采访后期再问。

E. 补充采访。

一次采访不可能全部到位，在写的过程中还将发现素材不够，这时就要把所缺的内容一一列出，约对方当面或电话采访。

F. 采访技巧。

提问与对话，观察与倾听。

提问与对话技巧：

问答型。通过巧妙的问话，从采访对象处可摄取好多有价值的新闻素材。这是最简捷、最高效的一种对话方式。

交谈型。采访对象抱有戒备心理，不积极配合采访时采用的类型。他们怕说多了对自己不利，或冷淡或躲避，使采访陷入僵局。遇此情况，就要以坦诚的态度，运用交谈型对话的种种技巧打破僵局，与对方建立融洽的朋友式关系，以倾心交流促使气氛和谐，为进入正式采访做好铺垫。在这个过程中，要有通过察言观色及时调整谈话策略和内容的观察力。

说服型。当采访对象抱有厌恶的心理时，常用沉默、不多语等形式表达自己的心情。与这类人要想进行一场无拘无束的交谈是困难的，唯一的办法是，讲清是非，摆明利弊，从而令其配合采访。

观察与倾听技巧：

观察，就是用眼睛采访。观察技巧的掌握，要求记者观察时要有明确的目的，要选择好时空，确定好观察的角度，学会用扫描获取细节，抓住富有特征的事物以达到认识、反映事物的目的。

倾听，善于倾听是建立良好人际关系的一种手段，是索取更多谈话内容的一种方式，是集中智慧的一条途径。善于倾听，才能捕捉住对方谈话中的真实意图和目的。

采访是沙里淘金，是蜜蜂采花酿蜜，是艰难的跋涉，是痛苦的探寻。

采访时间只能在1.5小时左右，超过则疲惫。

采访最好是全程使用录音。

第三节　高中论述文阅读教学

论述类文本一般是以议论文的形式出现，以议论为主要表达方式，以阐述观点、说明道理、分析事实、辩驳旧说、介绍新见等为主要内容。

论述类文本教学是高中语文阅读教学的一个重要组成部分，它有助于培育和提升高中生的理性思维能力，有助于高中生深化对自然、社会和人生的思考和认识，有助于高中生树立正确的人生观与价值观。

一、高中论述文教学数量

广东基础教育课程资源研究开发中心语文教材编写组编写的高中语文必修教材中有1个单元，占必修教材总单元数（20个）的5%。

二、高中论述文教学目标

阅读论述类文本，教师应引导学生把握观点与材料之间的联系，着重关注思想的深刻性、观点的科学性、逻辑的严密性、语言的准确性。

《普通高中语文课程标准（2017年版）》里，论述文指向"学习任务群12 科学与文化论著研习"，本任务群研习自然科学和社会科学论文、著作，旨在引导学生体会和把握科学与文化论著表达的特点，提高阅读、理解科学与文化论著的能力，开阔视野，培养求真求实的科学态度和勇于探索创新的精神。学习目标与内容是：

（1）选择阅读简明易懂的自然科学和社会科学类论文、著作（节选），领会不同领域科学与文化论著的内容，培养科学态度和创新精神。

（2）撰写内容提要和读书笔记，学习体验概括、归纳、推理、实证等科学思维方法，把握科学与文化论著观点明确、逻辑严密、语言准确精练等特点。

三、高考论述文考查要求

阅读中外论述类文本。了解政论文、学术论文、时评、书评等论述类文体的基本特征和主要表达方式。阅读论述类文本，应注重文本的说理性和逻辑性，分析文本的论点、论据和论证方法。

根据《2018年普通高等学校招生全国统一考试大纲》（语文），高考对论述文的考查要求有以下两大点。

1. 理解

（1）理解文中重要概念的含义。

（2）理解文中重要句子的含意。

2. 分析综合
(1) 筛选并整合文中的信息。
(2) 分析文章结构，归纳内容要点，概括中心意思。
(3) 分析论点、论据和论证方法。
(4) 分析、概括作者在文中的观点态度。

四、高中论述文教学现状

高中论述类文本教学不容乐观，其主要因素是在教材中文本占比小；教学只关注"说了什么"，较少重视"怎么说"，没有突出文本体式；因文本注重理性思辨，学生不感兴趣，有畏难情绪。

五、高中论述文教学依据

不同的学段，同样文本的教学基本要求是有所不同的。这个教学基本要求就是教学的基本的"度"，而这个"度"是要依据"课标"和"考试大纲"确定的。依据《普通高中语文课程标准（2017年版）》《2018年普通高等学校招生全国统一考试大纲》（语文）要求，我们可以清楚地认识到，论述类文本教学应着重关注以下五个方面：

一是要了解和掌握论述类文本的基本特征。
二是要立足文本，理解重要概念和重要句子在文本中的特定含义。
三是关注观点与材料的一致性，段与段、层次与层次之间的逻辑性，论述思路的条理性与严密性。
四是要学会归纳文本的主要内容，分析、概括作者的观点态度。
五是要引导品味论证的科学性和语言的准确性，培养学生的理性思维能力。

例如，在教学《谈中国诗》时，可从以下四个方面入手：

(1) 作者是怎样通过比较中国诗与外国诗，归纳出中国诗的特点的。
(2) 作者引用了哪些资料，分别阐述了什么问题。
(3) 探究文中比喻的含义和表达效果。
(4) 引导学生品味文中含义深刻的句子。

其中，(1)(2)方面是立足于论述类文本的文体特征来设计的，(3)(4)方面则是基于钱锺书的写作风格来确定教学内容的。钱锺书先生是著名作家、学者，善用比喻，语言含蕴丰富，富有情趣，(3)(4)方面的设计是抓到点子上了。

1. 体会语言的准确性、生动性

论述类文本的阅读教学，虽然偏重内容逻辑方面概括提炼的功夫，但也要同样重视对文本感受体验的过程。教师要反对浮在文本表面的干巴巴的抽象概括，对于那些文学性较强的论述类文本（如演讲稿等），更要特别注意引导学生体会语言的生动性，品味语句中包含的思想和情感。首先，体现论述类文本阅读教学要"体会语言的准确性"的要求。论述类文本讲究观点科学、鲜明，说理严谨，因此准确是论述类文本语言的生命，如果不准确，就会"差之毫厘，谬以千里"。如在《在马克思墓前的讲话》的教学中，教师可以引导学生朗读品味"他的英名和事业将永垂不朽"这个恩格斯对马克思深情的赞美和悼念的句子，进而追问："江泽民同志在邓小平同志的追悼会上说的是'邓小平同志永垂不朽'，他没有说'将永垂不朽'。同学们想想，这里恩格斯为什么要说'将'永垂不朽？"这句巧妙的对比追问，激发了学生对"将"字好处的品味和体会。其次，论述类文本阅读教学要注意引导学生体会语言的生动性，品味语句中包含的思想和情感。我们知道，虽然论述类文本以议论为主要表达方式，讲究准确、严密地阐明事理，但它还要以情动人，具有强烈的感情色彩，说理时往往要运用形象化的语言和适当的修辞手法，来增强感染力，这就体现出语言的生动性。正如老舍先生所说："我们的最好的思想、最深厚的感情，只能被最美妙的语言表达出来。若是表达不出，谁能知道那思想与感情是怎样的好呢？"最后，议论文语言的准确性和严密性密不可分，两者相互体现，相互渗透。它们具体表现在概念使用的准确，关键词语的选择和运用贴切、分寸感强，关联词语使用严密，状语、定语等修饰成分恰当，句子内在联系紧密，语言有说服力等方面。

2. 传授思维的基本规律与方法

论述类文本以论证作为主要手段，通过对现有事实进行判断和推理，形成逻辑思维链条。思维过程建立在一定规律基础之上，无论哪种思维，其基本规律都占据着关键位置。因此，教师在阅读教学中，要将思维基本规律和方法传授给学生，并加强与实际生活的联系，引导学生探索规律，使得学生能够深入理解概念，利用概念推理出问题的结果；要促使学生能够利用思维方法解决实际问题，如利用求证、求同、求异等方式进行思考和论证；要向学生传授多元化思维方式，使学生根据问题特点合理选择方法，能够快速得出结论，逐渐将知识内化到自身思维当中。此外，教师作为教学的重要主体，其教学习惯会影响到学生。教师要保持冥思习惯，思考问题的根本，引导并鼓励学生也能够积极参与到思考活动中，不断提高学生对论述类文本的阅读能力。

3. 理清文章的行文思路

论述类文本的学科综合性强，阅读难度较大。分析文章结构，把握文章思路，可以说是阅读此类文章最基本、有效的方法。论述类文本由引论（提出问题）、本论（分析问题）、结论（解决问题）三部分组成。我们可以从整体上按照引论、本论、结论三块来划分，大致搞清楚开头的引论部分作者提出了什么论题，中间的本论部分用了哪些材料，结尾如何收束、解决问题，这样就大致理清了整篇文章的行文思路。如2008年高考语文（海南、宁夏卷）第Ⅰ卷阅读题第一篇文章开篇就提出"变形"的论题，进而展开，写了和它相对的"常形"，写了广义和狭义的"变形"，举了杜甫、沈括等人诗文中的例子，写了明清戏曲中的舞曲程式和脸谱等。我们也可以从弄清材料与材料之间、观点与材料之间的关系入手。根据所用材料的性质、角度，我们要分清本论部分是并列结构关系、对照结构关系，还是递进结构关系；引论、本论、结论三者之间也可根据观点和材料的性质、角度，去分清是总分式结构（总—分，总—分—总，分—总），还是破立式结构（先破后立、先立后破、边破边立、破中有立等）。如2008年高考语文（海南、宁夏卷）第Ⅰ卷阅读题第一篇文章全文是总分式结构，材料与材料之间是并列关系。

4. 把握作者的主张

论述类文本是离不开归纳、演绎等逻辑推理手段的，而这些手段往往通过具有逻辑表征的标志性词语来实现。教师可在教学中凭借这些词语找到文中的重要语句，并可以依此"重新架构这些论述的前因后果，以明白作者的主张"① 以此完成对作者主张的精确理解。

这些标志词有以下几类。

第一类是关联词。不同的关联词表达不同的关系，由此入手便于我们更快地厘清结构和思路。例如，表并列的"和""并且""以及"，表递进的"而且""甚至"，表转折的"然而""但是""不过""其实""与其相反"等。

第二类是顺序词。顺序词能表示主次轻重的顺序或问题的几个方面，是并列关系，如"首先、其次、最后""第一、第二、第三""一方面……另一方面……""此外""同时"等。

第三类是总结词。"总之""由此可见"表示结论，一般表示是分总关系。

---

① 这一观点是莫提默·J. 艾德勒，查尔斯·范多伦在《如何阅读一本书》中提出的。

此外，还有表范围的词、表解释的词、过渡词等。

5. 鼓励质疑，发散思维

高中阶段是语文阅读的转折点，由教师教学转变到学生学习，强调学生在学习中要占据主体地位。在教学中，教师可以精选一些在三要素上存在瑕疵的文章，鼓励学生大胆质疑，发散思维，参与到阅读教学活动中。对于质疑，可以通过反向和对比两种方式进行，由学生根据标题与论点进行反向质疑，通过对作者观点的反驳，将文中的论点更好地表述出来，促进学生思维与阅读能力的发展。

在一些论证没有显性事实材料支持的时候，还可以调动生活经验、知识储备与文本、作者展开对话，以印证观点，达成精确理解。

6. 培养定向概括叙事能力

议论文语言的准确性和严密性密不可分，两者相互体现，相互渗透。它们具体表现在概念使用的准确，关键词语的选择和运用贴切、分寸感强，关联词语使用严密，状语、定语等修饰成分恰当，句子内在联系紧密，语言有说服力等方面。

教学中要注意这几个方面：

（1）注意副词使用的准确性。副词有表示时间、地点、程度、范围、语气等不同的作用，它们在议论文中对动词、形容词的修饰、限制与补充，很大程度上影响着议论的力度。

（2）注意关联词语使用的准确性。根据各个分句所表达的意思，细心分析论证过程中的逻辑关系，选用与之最贴切的关联词语。

（3）提高近义词选择的准确性。不少词都有近义词，要注意它们之间的细微差别，捕捉到文字背后所含的意义，这样就能准确表达自己的态度和主张。

7. 注重文本的说理性和逻辑性

说理和逻辑是论述类文本的本质特征。"说理是一种理性交流、表达看法、解释主张，并对别人可能有说服作用的话语形式"，说理是论述类文本的表述目的所在。而逻辑则是"说理中最重要的说服手段"，"有逻辑的说理就说得通，而没有逻辑或是逻辑混乱的说理则说不通"。源自文本自身的逻辑性以及分析文本逻辑性的必要，归于对学生的逻辑思维能力的培养的需要。这是高考卷论述类文本阅读给我们的导向，我们的日常教学与备考应注重逻辑思维能力的培养与提升，而不应仅纠缠于字面无意义的比对。

教学中，可以引导学生结合作者的写作契机、时代背景以及现实针对性，抓住一篇文章的说理旨趣，探究隐含的说理动机，明晰说理欲达到的目标；引导学生比较文本采用的说理视角与可供选择的其他说理视角之间在说理效果上存在的差异；引导学生独立思考假设自己写作此文应该选取什么角度、如何展开说理过程、达到什么预期效果。当然充分利用典型的试题帮助学生辨析选项与原文之间的逻辑差异来培养学生逻辑分析意识与能力也不失为一个方法。

总之，把握议论文的文体特征展开教学是此类文体教学的根本，而教学设计的出发点便是在此指引下的文本本身体现文体特征的要素，本书谨以《拿来主义》教学设计为例，详见附录三。

第六章
技、器、道三位一体作文教学

无论是记叙文还是议论文的写作教学，都离不开具体表达技巧（"技"）的传授和训练，而且以训练为主。有效的作文教学，可以将范文中的情理志趣内化为学生的人生养分（"道"），而训练中的创作又往往是学生生活、学习感悟、感情和思想观点的发掘与提升（"道"）。教学中，只有把"技"训练到位，习作（"器"）产生了，自然就有了作者的思想情感。因此，从这一角度说，写作本身应然是"技""器""道"三位一体的。

第一节 高中记叙文写作教学

作文教学是高中语文教学的重要组成部分，写作的本质实际上是一种对语文知识的内化过程，在高中语文学习中起着重要的情感和语言的内化作用。记叙文作为一种基本作文文体，是高中作文教学的重要组成部分，对于提升高中生的记叙文写作能力，达成全面发展的语文教学目标，有着重要的促进作用。

一、高中记叙文写作教学现状及成因

就当前的情况来看，在高中语文教学中，记叙文写作教学情况不尽如人意。据统计，在不限文体的高考作文中，记叙文仅占3%左右，可见，考生们对自己的记叙文写作水平不够自信。学生平常的记叙文作品存在较多问题，而且，这诸多问题长期得不到解决。比如，选材单一、狭窄、不够典型；平铺直叙无波澜，不能更好地突出主题；不善运用写作技巧；语言不生

动形象，有时候还词不达意，出现语法逻辑上的错误；不是幼稚化就是虚假化，都不是鲜活真实的生活反映。

深究现阶段许多高中记叙文写作教学质量不高的原因，无非包含四个因由。其一是教师在写作教学设计过程中，脱离了"生本位"的教学思想，脱离了高中生写作的实际能力和实际意愿，导致教学策略完全无法取得应有的教学效果。其二是教师在语文教学过程中没有注重培养学生对生活的观察能力、概括能力，也就忽视了学生的语言表达能力，使得学生没有形成对生活的敏感能力，继而在作文课堂上无法跟上教师的教学思维，导致课堂效率低下，其回馈的作品质量也相对较差。其三是高中记叙文教学要么缺乏单独的写作教材，要么存在很多有待改进之处。其四是过于重视结果，着眼点只关注技巧。其中重点的关注点只在写作结果即写出来的作文优劣和"怎么写"上，教学内容无外乎一为应试技巧，如如何写题记，如何开头，如何在每段段首点题，如何针对事件发议论，如何增加文采等；二为满分作文欣赏；三为如何审题立意。

二、 高中记叙文教学策略

根据教学经验，笔者提出以下三种提升高中记叙文教学质量的相关策略。

（一）开展基于学生生活和学生差异发展理念的读写融合式记叙文写作训练

读写融合应当是语文教学的必需。高中写作教学教材缺乏，而学生记叙文写作痼疾顽固。课文就是范文，学语文离不开用之表达自我这一宗旨。教师在教学中如何用好课文来让学生真正学会表达生活，这是一个语文教学无法回避而现实中尚有努力空间的命题。从教材中引出记叙文写作训练点，从课文中指引学生生活，以练笔的方式把两者沟通起来，使阅读与写作一体化，为学生写记叙文或表达生活时做到中心更突出找到一条路径。

以往对作文教学的研究和实践有很多，《普通高中语文课程标准（实验）》发布后，各方面作文教学的研究就更多了。其中，对作文教学的读写式研究和实践主要有以下四种：一是以读写整合提高作文有效性的研究和看法，如《漫谈读写整合的作文指导》中，河北廊坊贺子眉老师实验的"读写整合三段九法"和安徽赵永芳老师总结的"读写整合四法"等。但是，这些都只是从单方面来说明读写一体化的方法，而且都侧重于教师如何充分准备材料让学生积累达到读写整合。二是着眼于某篇或某类体裁的读写整合研究，如《读写整合中的导练三题》《挖掘读写整合点，提高学生表达能力》《例谈〈边城〉对高中记叙文写作思维的引领》《高中现当代散文读写整合教学策略研究》。三是基于新课程理念甚至是基于某一版本教材的读写整合研究，如《高中语文新课程读写整合的探讨》《新课程高中语文读写整合问题研究——以苏教版、人教版高中语文教科书（必修）为例》等。四是着眼于以人为本理念下的读写整合研究，如《以人为本理念下的高中作文教学》《读写整合：高中作文序列训练的回归与出新》等。

  但是，这些研究和实践只是一味地注意读写整合而没有联系学生生活，只是让全班成员整齐划一地进行一体训练而没能着眼学生差异发展，泛泛而提读写整合而没有集中于某一文体，尤其是基本没有专注于记叙文训练研究，基于粤教版语文教材的读写整合研究则更是难觅其踪，再说，这些研究大多是教师唱主角，学生根据教师的挖掘提示甚至是命题写作，完全忽视了学生的主观能动性。

  教材就是学生写作的"宝山"，课文就是学生写作的"富矿"，而教学中读写分离，或读写整合非常态，致使学生入"宝山"而空归，进"富矿"而犹贫。同时，由于过分注重教师的精心设计，强调面向一切学生，训练点、目标、方向、方法整齐划一，都不利于学生主观能动性的发挥，甚至影响教学的持续性。另外，倘若读写整合呈偶发态，是否训练、训练多少全由任课教师"一言堂"，教师心血来潮或偶有灵感则训练，否则可能长期不练，也会影响作文教学效果。当然，最重要的是，在记叙文写作教学中，相对于"怎么写"，教师更应关注的是"写什么"。因此，教师应考虑作者这一"人"的因素，要引导学生调动生活，引领学生观察思考生活，避免学生因搜肠刮肚仍无米下炊而导致丧失写作信心，甚至带来胡编乱造的不良文风。

  基于以上认识，笔者在读写结合式写作训练的基础上，提出读写融合式记叙文写作教学，其主要特点有以下几个。一是充分发挥学生的主体作用，基于学生发展的差异，由学生自己去发现课文与记叙文写作训练的结合点，确定训练内容、方式并躬亲实践，自主点评，培养学生自主探究、自主达标的意识、能力。二是要求每一位学生从每一篇课文中至少挖掘并训练一个读写整合点；如果实在无法挖掘则可从与课文同样话题（如亲情、消费观等）的课外文章中选择。要保证练笔的不间断，打破一般情况下，每一位学生每学期6~8篇作文的训练量局限，以练笔的数量求得质量的提高，同时培养学生坚持不懈的毅力，成就学生勤思考、爱动笔、注重学以致用的良好习惯。三是实现课文教学与写作训练的同步，打破此前绝大多数学校存在的必修课文教学与记叙文训练基本割裂的现状。这有利于学生精研课文，学会化用课文，用课文创造，既消除当下学生普遍存在的"学课文无用"的思想，又更好地发挥课文的教学功能，进一步实现"用教材"。四是一篇课文训练一个或两个具体的点，使写有范本、读有动力，且利于化整为零而使训练目标明确具体且可模仿可对比，力保写作训练的实在实效，同时，学生对读写整合的挖掘有助于提高其鉴赏水平，学生的具体写作、评价实践也更能保障其语言表达训练的主动性，提升其语言整合能力。

这种教学引导学生学教材用课文、写生活用生活，多点练笔，多点感悟，多点思考写作，多点探究笔法、技法，多点整合生活、所学，真正把生活与教材、课文联系起来，用所学来表达生活，用生活来丰富写作，用感悟来提升生命，力争从行动中找寻学生用课文表达生活的可能性、用生活回应课文的概率，致力于分析行动对学生在语文课文学习上的不良观念（如不知为何学习课文）的影响如何，在学生生活、课文学习、写作、感悟、积累与表达之间架多一座桥梁，并从中发现点什么。它有利于扩大学生的阅读量，努力调动学生的生活积累，实现学生阅读、积累、感悟、整合、表达的相互融通，使语文教学的工具性和人文性达到更高程度的和谐统一。因此笔者称之为"读写融合"，以别于"读写结合"。

（二）进行读写四课型一体化教学

在阅读教学中，恰当地处理好阅读与练笔的关系，不仅有利于学生更好地深化阅读，还有助于提高学生的书面表达能力，提高学生的语文素养。读写四课型一体化教学，是指研讲、群文阅读、习作、互评一体化课型模式，是将阅读与写作自然地结合在一起进行教学。

读写四课型一体化教学模式，以研讲课引领学生习得技法，体会作者或作品生活并联通现实生活（含社会的、家庭的、学校的、学生的、教师的，等等）；以群文阅读课帮助学生巩固、拓展研讲课所获，深化对技法的感知、领悟，调动生活，进一步获得情与意，感悟人文，渗透观念；以习作课让学生围绕"练笔点"研讨群文相关文字，体会技法精髓，悟得法情、法理的融合之道，习得遣词造句之妙或其只可意会不可言传的"玄虚"；以互评课分小组讨论标的习作，教师从技法的使用、情理的表达、遣词造句的情况及其相互的融合等方面剖析作品的优劣，并有针对性地提出修改建议，对上一轮习作不达标的要求其改后，交由教师进行验收。

读写四课型一体化教学模式凸显教师的引导、材料组织评价等作用，突出以学生为中心，引导学生主动参与阅读、写作训练，讲究互动合作，注重情意融入，强化书面表达，致力于学以致用，追求阅读、书面表达的相互促进，真正做到让学生读，让学生悟，让学生学，让学生练，让学生评，让学生改，同时，还让学生教，让学生体验，让学生做自己学习的真正主人。

在研讲课中，学生可以得到词、句、段、篇的训练，学会怎样读懂一篇文章，逐步积累反映客观事物的词语，认识表达思想感情的方式，了解写文章是怎样确定中心、选择材料、遣词造句、连句成段、连段成篇等，并从中学习观察、分析事物的方法，发展自身认识能力。

在群文阅读课中，学生深入文本内部，关注文章的形式，把握文章的内部结构，并在文章之间形成"互文关系"，让学生在探索群文时，从文本的内容、形式与表达这三个方面去体悟"三位一体"的习作。在课文题目、章法与语言中去模仿、创新，理解作者写什么、怎么写、为什么这样写、还可以怎么写，进行一轮又一轮的追问，从而自然而然地实现内化，学会写作。甚至作品中修辞的使用、名言警句的妙用等都可以摘录、仿写与创造。一节阅读课其实就是一节习作指导课，不仅读贯穿始终，而且习作也贯穿始终，阅读即习作的积累。

习作课是用阅读服务写作，汇聚学生从"研讲"中诱发的写作方向或在"群文阅读"中产生的表达冲动和从范文中强化的表达技巧、手段。对于不少同学来说，通过"习作"课写点东西成了一种自然，甚至是一种必然。

而互评课是检测，更是激励、鞭策。最主要的，它是验证，是互促，是共同提高。我们的语文教学指向性明确，或授其技，或传其道，或取其法，或得其魂，或两者兼得；我们的语文训练有章可循、有法可依、有技可用、有道可凭、有魂可借，正如"木有本，水有源，水到渠成"；我们的语文评价主体更多元，结论更直观、具体，学生更容易接受，更容易知其所以然，更容易从中获得情感体验，获得肯定、愉悦，获得激励或鞭策。

根据《普通高中语文课程标准（实验）》的"每个模块36学时"，"每一学段（约10周）完成一个模块的学习"的表述，高中一、二年级的语文课时约是每周4个课时。四课型各1个课时，每周1个单元，在实践中，这恰是一个整体。

就关注学生个体差异方面而言，四课型一体化教学模式中的后三个课型都有利于学生差异化地去选择、内化，或去表达、展示，而随着研讲课重点的变换，学生个体差异也呈现不同的反映。如此，一不会打击学生的积极性，二可以让学生找到前进的方向，三还可以让学生懂得天生我材必有用。

读写四课型一体化教学模式，落实生活化语文教学观念，在研讲课中注意联系学生的生活，让语文教学回应生活；在群文阅读课中力争引导学生关注生活，让学生内视生活；在习作课中由学生联想生活、表达生活；在互评课中让学生体验生活，感受生活。而整个过程则让教学与生活沟通，让教学贴近生活、联系实际。更重要的是，它使学生产生表达生活的欲望，形成表达生活的习惯，养成生活表达的意识，进而形成表达自我的能力。

综上所言，读写四课型一体化教学是语文教学有效之路。

（三）借鉴小说，形成习作范式

小说作为一种广泛应用的问题形式，它具有独特的文学价值，对于语文写作特别是记叙文写作有着重要的指导意义。高中记叙文写作教学相比于初中来说，有着更高的要求。因此在进行记叙文写作教学时，教师如果能够将小说教学融入其中，充分发挥小说文学作品对于记叙文写作的积极作用，将大大促进记叙文写作教学质量和效率的提高，尤其是对改变学生记叙文平铺直叙、缺乏细节，以致重点、中心不突出、技法单调等大有裨益。

笔者根据课题实验心得，结合学生体会，针对学生记叙文写作中常见的问题，对记叙文写作提出了一条突破其瓶颈的路子。

众所周知，学生写记叙文常见的失误可能有很多，但最突出而又最难突破的有以下三点：一是缺乏细腻的描写；二是详略不当；三是没思想甚至是没中心。

部分语文教师总是告诫学生不要写流水账，但说来说去，学生还是老样子。"让他们写长江，他们必然溯源到江头，漂流至江尾，浩浩荡荡三千里；让他们写长城，他们就会从山海关到嘉峪关，巍巍峨峨半壁江山。"[①]

笔者认为，教会学生写"点"不失为优化记叙文写作教学效率的方法，因为"'写线'，犹如聆听一位老太太不停地唠叨'那过去的故事'，波澜不惊而绵绵不绝，有谁愿意听呢？这种选材思路因其'历时'过长，用笔过'粗'，而往往很难出彩。而'选点'，更容易去粗取精、去旧取新，更方便用各种表达方式、表现手法去表现生活，抒写心曲"[②]。一句话，改线为点，必线在点彰。

试比较同文题同内容的两种构思。

文题：战胜诱惑

内容：战胜考试抄袭

1．构思一

第一段：交代期末考试到了。

第二段：班会上，班主任强调考试成绩的重要性如下：成绩是评奖学金的依据，是重新分快慢班的依据。

第三段：下定决心要靠某科拉别人一大截，以实现父母的期望，满足自己某一夙愿。

---

① 王芳. 浅谈作文的选材［J］. 试题与研究·教学论坛, 2016（6）：49.
② 严伟娇. 万千物象由我选 自辟新路巧择材［J］. 师道, 2012（11）：35-36.

第四段：记叙某科考试一路过关斩将，凯歌高奏，到最后一题方遇难题。

第五段：记叙千方百计解决难题的过程。

第六段：叹息之余，发现前桌怪才此题答案满满，字迹清晰、工整。

第七段：简单写抄与不抄的心理斗争。

第八段：决定放弃抄袭。

第九段：议论点题——为自己战胜了诱惑而高兴，为自己在人生路上又经受住了一次考验而自豪。

2. 构思二

第一段：描写久战之下难题仍未解决的焦虑心理。

第二段：叹息之际发现前桌此题答案满满、字迹工整、清晰。

第三段到第六段：充分展开自己抄与不抄的心理斗争。

（第三段，写不抄则似乎对不起刚才的"久战"和抄则自己可从来没有做过这种不光彩的事两者之间的矛盾；第四段，写不抄则将功亏一篑，无法实现拉下别人一大截的目标和抄则要承担风险，可能被发现而遭受处分，得失难以取舍；第五段，写不抄则奖学金泡汤，父母的期望泡汤，自己的某个夙愿也因无钱而泡汤和抄则纵侥幸不被抓也良心不安，弄不好要承受残酷的心理折磨，有了利与名也得不偿失；第六段，写不抄则可能重新分班时分到慢班，班主任班会课上的话一次又一次地不断刺激神经和抄则可能使自己从此走上危险的道路，堕落变质）

第七段：决定放弃抄袭。

第八段：议论点题——为自己战胜了诱惑而高兴，为自己在人生路上又经受住了一次考验而自豪。同时，自己也明白了一个道理：名利常使人把握不住人生的航向，只有正确对待得失，坚守道德、纪律和自己心中的纯正、高尚，才能战胜它们。

两种构思的不同点很明显，前者呈"线"型，重在叙述事件的过程，由事件的起因、经过到结果一一道来；后者改"线"为"点"，把事件变为心理，把事件过程变为心理过程，点中有线，线在而点彰。

两者的效果高下分明、判若云泥。前者，姑且不说它是典型的流水账，详略不当，就是连文章标题也没有落实到位。后者则不但（心理）描写具体细腻，使人物心理斗争曲折有致，文章的矛盾冲突得到强化，还非常到位地紧扣住了文题中的题眼"战胜"二字，同时利于文章在取舍理由这一基础上生发出深刻的议论，而这议论又使文章不仅中心明确，而且有深刻的思想性。

你看，好一个改线为点！

你还在为学生写记叙文而伤透脑筋吗？你还为记叙写作训练低下而不知所措吗？不妨教会学生改线为点。

那么，怎样教会学生改线为点呢？

改线为点的关键在于抓准"点"。"点"准了，再以"线"彰本，文章自然扣"点"而写了，也自然"点"彰而"线"在了，而抓住题目关键词，让文章一开头便紧扣关键词来写，文章也就抓准了"点"。

比如"战胜诱惑"，这个题目的关键词是"战胜"，而"战胜"为动补结构，是"战而后胜"的意思，所以，文章应当重点写"战"的过程并最后写到"战"的结果（"胜"）；文题中的"诱惑"是"战胜"的对象。因此，文章一开头就应该把"诱惑"摆出来，然后便是写"战胜"的过程了。至于"诱惑"是怎么产生的应当不是文章重点，完全可以融入写"战胜"的文字中。

又比如"那令人_____的一幕"，这个题目的关键词是"一幕"，而"一幕"当"借指一段情景或生活经历的一个片断"，暗含"某固定时间、某固定地点所发生的"之意。因此，文章一开头便应该把相关"情景"或"片断"亮出来，然后再围绕横线上所填词展开行文。

再比如话题"提篮春光看妈妈"的关键词是"春光"。如果用改"线"为"点"法构思，文章一开头只要把"春光"交代出来，接下来紧扣"为什么（提'它'看妈妈）"来写即可。

下面以对学生的文章构思的具体调整为例论证利用关键词抓"点"的可行性。

有学生以"那令人感动的一幕"为题，写成如下构思的文章。

第一段：多年来，父亲每个周末按时致电爷爷以问好。

第二段：搬了新家，父亲电邀爷爷来玩。

第三段：爷爷来了。

第四段：周末，一家人去旅行。车上发生了动人一幕：爸爸因为肩上靠着疲倦已睡的爷爷而纹丝不动，尽管身上冷；妈妈给爸爸披上自己的外衣……

第五段：一个月后，电聊中回家的爷爷说儿子所在地天气不好，爸爸没说爷爷弄错了，而是顺着说是如此。

第六段：我不禁想起火车上的那一幕，并评论"人间最动人的亲情莫过于此"。

这篇文章选材很好，紧扣了"感动"，有个性，应该说是学生亲历亲见的，感情真挚，但由于"点"抓得不准，致使文章详略不当。如果改"线"

为"点",紧扣题目关键词"一幕"对构思做如下调整:以原文第五段为文章开头段,引入文章;接下来写原文第四段那幕;原文前三段内容灵活地放入写"一幕"的文字之中,比如作为"我"的心理活动(回忆),文章就能把题目阐释得很好。

(四) 尝试利用戏剧"三一律"来指导和训练学生的记叙文习作

"三一律"(classical unities)是西方戏剧结构理论之一,亦称"三整一律",是一种关于戏剧结构的规则。它要求戏剧创作在时间、地点和情节三者之间保持一致性。即要求一出戏所叙述的故事发生在一天(一昼夜)之内,地点在一个场景,情节服从于一个主题。法国古典主义戏剧理论家布瓦洛把它解释为"要用一地、一天内完成的一个故事从开头直到末尾维持着舞台充实"。利用戏剧"三一律"来指导和训练学生记叙文习作的具体操作是,把戏剧创作中通过对白乃至旁白、独白交代事件背景的方法应用到记叙文写作中,并且融合记叙文的插叙手法和对话描写来交代背景,确保地点和时间的一致让记叙文有一个小的场景和切入点,以从容的篇幅、高度的注意力来刻画人物形象和进行细节的描写。

第二节　高中议论文写作教学

高考作文虽然"题材不限",但实际上,多年来,使用议论文这一文体进行写作的考生约占95%。可见,高中议论文写作教学何其重要。

一、高中议论文写作教学现状

目前的高中学生议论文写作存在的问题较多。一是观点过于绝对,认识片面,思维简单。由于知识水平的限制,不少学生的思想认识存在片面性,思维易简单化,他们在强调某一观点时,往往把问题说得过死、过头、过于绝对化;立意公理化,像"看待事物要一分为二",像"读万卷书,行万里路",像"物质决定意识"等;在说理的时候,常常欲说还休,顾左右而言他,轻则用例古板,重则不能用而用之,以致材料不能为论点服务,说不出或干脆不说道理,而为了凑足篇幅,只好写些不着边际的空话、套话。二是材料奇缺,信息库储存的信息量少得可怜。当写到坚持不懈时,大家就会想到爱迪生发明灯泡;当写到团结就是力量时,大家就会举众人拾柴火焰高的例子，或者一根筷子容易折，一捆筷子难以断等；当写到文人创作时，又搬来了李白、陶渊明。随后，学生背起了老师发的"感动中国事迹"，写作时开始有点内容，后来这成了大家的共同素材，反而没有了新意，不利于学生的创作。三是不讲道理，缺少分析的链条。所谓不讲道理，就是通篇文章没有理性分析成分，仅仅是罗列些具体的材料，整篇文章就是观点和材料的简单相加。四是结构上简单化，或"三段式"：开头指出论点＋中间罗列事例＋结尾重复论点。或用僵化的并列结构，如分论点分别从个人、集体、国家、民族等几个层面来论述。

二、高中议论文写作教学依据

1. 提高学生的思想认识水平

著名教育家叶圣陶先生曾说过："文章写得好不好，虽然决定于构思、动笔、修改那一连串的功夫。但是再往根上想，就知道那一连串功夫之前，还有许多功夫，所起的决定作用更大。那许多功夫都是在平时做的，并不是为写东西做准备的。一到写东西的时候却成了极为重要的基础。"我想，叶老说的"基础"固然十分丰富，但至少包括作者的认知水平，平时的积淀（生活的积淀、阅读的积淀），思维习惯和水平，语言表达能力。

作文应该是基于学生思想认识水平的综合性表达。作文不仅是为了完成作业，更重要的是将自己的思想认识告诉别人，其本质就是表达思想认识，其过程就是用语言表达自己思想认识的过程。

在《普通高中语文课程标准（实验）》中，对高中生的"表达与交流"共提出了9个目标，其中的第1个目标提到：学会多角度地观察生活、丰富生活经历和情感体验。

刘熙载认为："文以识为主"，"才学识三长，识为尤重"。叶燮将写作能力归为四种：才、胆、识、力，"四者无缓急，而要先之以识"。张志公先生明确指出："培养一般够用的写作能力，不是很容易的。因为，写作能力是一个综合性的能力。首先，要求对于所写的内容有正确的理解和看法，就是要有一定的认识事物的能力……"

中学生的作文，为什么有的观点清晰明确，有的却混沌朦胧？有的思想肤浅幼稚，有的却独到深刻？主要原因在于学生认识水平的高下差异。作文水平的高低往往取决于对所写事物认识水平的高低。认识肤浅，则文章的立意浅陋，所写就会平面化，定然无味；认识不清晰、不透彻，必然导致表意不清，表达混乱。提高学生的作文水平，关键在于走近理性——提高学生的思想认识水平。

2. 丰富学生写作素材

在《普通高中语文课程标准（实验）》中，对高中生的"表达与交流"共提出了9个目标，其中的第3个目标提到"书面表达要观点明确，内容充实"。学生只有积累了相对丰富的写作素材，才能使议论文的内容充实，否则文章就显得相对空洞、干瘪。

俗话说，巧妇难为无米之炊。写文章"应该有三个仓库：一个直接材料的仓库装从生活中得来的材料，一个间接材料的仓库装从书籍和资料中得来的材料，另一个就是日常收集的人民语言的仓库。有了这三种，写作起来比较容易"。就中学生的生活实际而言，不管是家庭生活、学校生活还是社会生活之中，值得议论的问题都很多，这就是很好的写作源泉。

3. 培养学生的思维能力

议论文是运用概念、判断、推理等逻辑思维方法表明自己观点的一种文体。思维是议论文的生命，好的议论文应既有思想的深度又有思维的宽度，中档的议论文有思维的线性发展而缺乏开阔感和灵动感，下等的议论文思维没有延伸或者断裂为几个片段。议论文从审题、立论、谋篇、布局、结尾，以及整个行文中，处处都要运用思维方法。一篇议论文的写作总有几个步骤，即先从纷繁的材料和模糊的意念中，经过抽象概括，分门别类地梳理，再进行分析比较，使思维明确化，形成一个中心论点；接着对中心论点和材料加以分解，形成层次；最后，选择材料，明确技法，编排顺序。从这一过程中不难看出，写一篇议论文，自始至终贯串着复杂的思维活动。在教学实践中，高中议论文写作训练最常见的思维方法有阐析、剖析、抽象、泛化、转化、类比、对比、求同、求异、逆反、联想、推演、扩展、联系、因果、辩证、否定、归谬、分类、契合、统摄等二十多种。

4. 锤炼议论文的语言

一般文章的语言要求自然也适用于议论文。当然，议论文的语言还有其特殊要求，这就是准确而严密，概括而真实，生动而鲜明。准确就是表述的概念明确，遣词造句恰当，判断准确，推理严密，注意近义词、关联词、修饰成分、语序等。概括就是简明、精炼。生动就是"有文采"，如善于引用名言，用得恰当、妥帖，起画龙点睛作用；语言洗练，纯熟，自然而流畅，幽默而含蓄；善用比喻，或拟人，或排比，或整散结合，或长短结合，选好、用好副词和关联词。鲜明就是褒贬是非，态度明朗。

5. 探讨并进行议论文写作的序列化训练

不少教师在进行作文教学时，只是在作文技巧、选材范围和文体上简单地给学生提供一些固定的可以套用的作文模式。作文指导与讲评课上，大多是科任教师找一个题目或作文材料给学生，一般不做正面指导，只提一些要求，然后限时让学生作文；作文收上来批改后，找一两篇作文在班上朗读一下，或印一两篇作文下发阅读，后由教师点评几句，至于学生是否理解，今后作文中能否吸收与改进就不再关心了。这种"三年一贯制"的要求和训练，不能满足学生的求知欲，不能适应学生的心理发展，抑制了学生的兴趣，使学生产生心理疲劳，产生心理惰性，体现为写作的"高原期"现象。如果在规范化的要求下，以渐进的序列训练，就可以不断给学生以新的刺激，激发学生"攀登"的欲望，可以"更上一层楼"了。这种训练在形式上是要求建立起议论文渐进的各层面的框架。因此，探讨并进行议论文写作的序列化训练在教学实践中显得非常重要。

三、高中议论文写作教学策略

在作文教学中，如何提升学生的认识水平，如何引导学生形成自己的独特思想？如何丰富学生的素材积累？如何引导学生关注社会、思考人生？怎样提高学生对写作的积极性？如何培养学生良好的思维习惯和提升其思维水平？怎样促使学生关注并正确评判自己的语言表达水平？如何锻炼并最终提高学生的语言表达能力？如何克服写作"高原期"现象？这一系列问题在实践中如何解决，能否找到一条相对有效的教学途径？

下面探讨一下高中议论文写作教学的策略。

（一）向阅读与生活要识见与材料

议论文是以理服人，很大程度上可见出一个人识见的深与浅、广与窄。

议论文的识见从哪里来呢？

一是在于视野宽广和视点高远。

二是源于思辨的眼光。凡事要讲辩证，"识见"才能立得住，倒不了。切不可走极端。

文章的观点重要，材料也不可缺少。光有宏伟的蓝图，没有砖瓦、水泥、钢筋，高楼大厦是盖不起来的。

议论文写作的材料不是凭空杜撰，必须有源于历史和现实的基础。而且材料的要求必须是真实的，材料是怎么来的呢？

高中学生写作的两个主要源头就是阅读、生活。若要学生写出好的议论文，教师必须引导学生从阅读、生活两个方面开掘。

1. 走进生活

议论文教学训练、创作要立足于现实生活，以实际生活经验为基础。作文的教学要建立在一定的社会实践基础之上，作文的情景设置和材料都应该来源于真实的生活，只有如此，学生才能写出表达自己真情实感的文章，真正做到以吾手抒我心。学生的家庭生活、学校生活也是非常丰富的，但缺乏关注生活的意识。我们要做的是唤醒学生关注生活的意识，让学生养成主动观察、认识、总结生活的习惯，并善于发现、积累生活中的写作素材。清代著名文学家曹雪芹说："世事洞明皆学问，人情练达即文章。"要"洞明"，要"练达"，需要从课外练笔开始。教师应该鼓励学生养成写随笔或者日记的习惯，将生活中发生的触动心灵的人或事记录下来，及时捕捉心灵的感受。只有让学生养成这样的习惯，他们才能够主动地去关注生活、思考生活，且在写作时可真实、完整地展现自己的内心生活。

引领学生走进生活，除课外练笔外，把它融入写作教学中也不失为一个好方法。具体做法有"彩线串珠法"和"联系实际法"。操作中要先用范例引领，再在学生习作中反复操练。

"彩线串珠法"的范例引领具体设计如下：

【训练项目】围绕一个分论点，列举大量的细节材料展开论证。

【典范例段】对于我的朋友，我很重要。

相处多年，知面知心，有时言语都显得多余。仅凭一个微蹙的眉尖、一次睫毛的抖动，一眼呆呆的凝望，就可以明了对方的心情。一个眼神，让彼此宁静；一句问候，让彼此感怀；一次紧握，能给我信心；一声歌唱，能给她感动。我会因她的感动而鼓舞；她会因我重拾信心而雀跃。夜深人静时，手指在揿了几个电话键码后，骤然停住，那一串数字再也用不着默诵；逢年过节时，她写下一沓贺卡。轮到写我的地址时，她闭上眼睛……假如我不在了，就像计算机丢失了一份不曾复制的文件，胶卷里翻出了一张没有图像的底片，她的记忆库里留下不可填补的黑洞。许久之后，她将一张没有地址只有姓名的贺卡填好，在无人的风口将它焚化。然后，她一个人恍如走入茫茫沙漠……面对这般友情，能说我不重要吗？（《我很重要》）

【简要评析】

有时用来证明分论点的材料不必惊天动地，列举身边的琐屑小事即可。这些"小事"宛如散落一地的珍珠，主旨句（分论点）就是一条彩线，只要能够发挥彩线的作用，就能串成精美的项链。"彩线串珠法"就是围绕一个分论点，恰当地组织大量的琐碎的细节材料来展开论证的方法。关键是如何组织，使材料有情、有理、有序。

上面的例段，材料非常丰富，它是怎样展开并组织的呢？首先明确分论点"对于我的朋友，我很重要"。在哪些方面体现了"我"对于朋友来说很重要呢？从最细微的一颦一笑、一举一动说起，列举我们相知的程度，说明我离不开她，她也离不开我。这里全部用的是整句，句式整齐对称，有时还有对比。接下来用散句，基本上按照时间顺序来组织，后面的"假如我不在了"和"许久之后"是作者用想象中的情景来拓展充实。这些琐屑的材料就是按照这样的顺序组织起来的。本段文字，在评卷老师看来不仅是理性的感受，也是对他自己生活的一种体悟。怎么不会给高分呢？文段收到这样的效果有一个重要的原因就是以情动人。

"联系实际法"的范例引领具体设计如下：

【训练项目】联系实际，有针对性。

【典范例段】当今，各行各业中，都有那么一些人，他们渴望功成名就，却缺少创业的"成功之源"。心存浮躁，飘渺不定，大事当前，先替自己打算。既不爱岗，又不敬业。好高骛远者，挑肥拣瘦，这山望见那山高；粗枝大叶者，不求"过硬"，但求"过关"；不务正业者，不看书，不学习，股票起跌他着急；滥竽充数者，装腔作势，"占着茅坑不拉屎"；三心二意者，心不在焉，"做一天和尚撞一天钟"；投机取巧者，以假乱真，损人害己；不良竞争者，相互拆台，尔虞我诈。如此等等，何谈爱岗敬业，报效国家？(2015年高考新课标卷作文《"大国工匠"成功探源》，论点为"'成功之源'就是——爱岗敬业，报效国家")

【简要评析】

2012年高考作文有3道题是文艺性材料，有5道题是言论性材料，其余都是叙事性材料，而这些材料基本上是直接取材于当下，有工人的，有学生的。为什么？针对目前学生两耳不闻窗外事的现实。这些材料更贴近社会，贴近人生，贴近考生。这些材料能让考生受到启发：行走在大街上的普通百姓、发生在身旁的普通小事所反映的品德和智慧是青年学生取之不尽、用之不竭的源泉。高考题有选拔作用、指挥棒的作用。事实也表明，高考作文联系实际的文章得分也是比较高的。命题者会在"要求"项中或明或暗地提出要联系实际，"读了上述文字你有什么所见所闻所思所感？"类似这样的话，其实就是要求你要联系实际，写出针对性，写出自己的感悟。写文章的目的是什么？感染人，教育人，给人以知识。再说，写议论文更是为了说服人，教育人。为此作文就必须"有针对性、教育性"。这样也就必须联系实际，才能解决人们思想上的问题，以实现写作目的。

2. 走进阅读

阅读能思接千载、视通万里，从那些思考深入、分析全面、见解独到、

说理辩证的文章中可以感受他人彼时彼地的生活，从而扩充学生的视野，引发他们的神思，增强正确、深刻地分析、理解生活的能力。俗话说："读书破万卷，下笔如有神。"阅读视野广泛，可培养学生的情感，陶冶学生的思想情操，从而对议论文写作产生潜移默化的影响。教学实践中，可引导、组织学生经常阅读报纸、杂志，特别是要选读些时文，从中吸纳鲜活社会中的新人物、新事件、新思想。可引导学生多阅读些有感而发、一事一议的小品文。这类小品文往往能从纷繁复杂的生活现象中体察事物的本质，抒发人生的感悟；行文上叙得简洁，议得集中，理从事出。所谓"劳于读书，逸于作文"。日积月累，待到写作时，材料和思想便能随着作文情境自然奔涌于笔底，从而写出富有时代感，惟陈言之务去又意蕴深广的佳作。

如何引导学生从时文中习得写作素养呢？笔者设计并使用"时评分析指导与整理"表格（见表6-1）。

表6-1 时评分析指导与整理

角度	阐释	分解1	分解2	分解3	内容
类 （是什么）	现象 （事件）	同类	纵（时间）	历史文化	
				现实自身	
			横（地点、对象等）	领域	
				地点	
				国别	
				民族	
				其他	
		相似	纵（时间）	历史文化	
				现实自身	
			横（地点、对象等）	领域	
				地点	
				国别	
				民族	
				其他	

续上表

角度	阐释	分解1	分解2	分解3	内容
因（为什么）	由果溯因	内因	横（各因素）	能力	
				兴趣、爱好	
				意愿、动机	
				努力程度	
		外因	纵（历史文化等）	文化	
				民族心理	
			横（各因素）	他人	
				人性	
				家庭与社会	
				国情与国际	
法（怎么办）	解决问题的办法	措施与对策	纵（时间）	朝代（唐宋元明清）	
			横（各因素）	当事人	
				旁观者	
				舆论	
				制度	
				政府部门	
				社会氛围	
				其他	
果（会怎样）	结果	危害或影响	纵（时间）	过去	
				现在	
				未来	
			横（各因素）	自身（学习、生活、工作、精神、性格等）	
				他人	
				社会	
				国家	

（二）向规范与思辨要理性

李泽厚先生批评"一些理论文章，却只有情感价值。这是很可悲凉的。因为这样的文章究竟能否帮助我们去认识世界、认识自己？它们究竟有多大的科学性、客观性？它们能持续多久？……老实讲，我是怀疑的。……如果没有科学，没有理性，只剩下情绪性的原始吼叫，我看那是很危险的"。论"理"、说"理"、对"理"的表达是议论文的主要任务，在思考、议论中考察，"理"又有以下几种意义：一是辨别、分析，把各种概念加以区别；二是推理，按照思维的规则，一步一步地思考，探究、揭示事物的秩序和规律；三是事物的本质、核心观点；四是条理，对围绕核心观点的各种思想分类、排列，使之井然有序；五是合理，推论出的观点合情合理，不违反人之常情，不违反平正中立的原则，能为理性之人所接受。总而言之，这个"理"就是"理性"认识、就是"理性"认识的过程、方法和原则。议论文说的"理"，就是经过"理性"思考的"理性"认识，每一篇真正的议论文章都应该闪耀着"理性精神"的光芒，给人"理性"的启迪，也就是说，"理性"是议论文的价值所在。

1. 向规范要议例

运用事例论证是学生写作议论文最常用的论证方法，也常常成为议论文教学的重点与难点。教学中运用分析说理六步法，可以收到良好效果。

六步法具体指：

①点明论点——直接指出论点；

②过渡引入——论点与论据间的衔接与过渡；

③论据概述——论证部分的中心内容；

④论据分析——揭示论据的含义，奠定分析、溶化论点的基础；

⑤过渡引申——论据与论点间的过渡与衔接；

⑥深化论点——照应分析论点。

如，以"毅力是攀登智慧高峰的手杖"为论点，写一段议论性方字，可以分解为以下六步：

第一步：点明论点——毅力是攀登智慧高峰的手杖。

第二步：过渡引入——很多人都有美好的理想和为之奋斗的热忱，但他们缺乏毅力，开始是天天撒网捕鱼，不久便三天打鱼，两天晒网，最后索性将网抛进垃圾箱里，而海底的珍珠只是可梦想而不可得了。

第三步：论据概述——有这样一个美丽的传说。一位仙女幽居净舍，凡人难得一见。一天，仙女听到一陈悦耳的敲门声，正想稍等片刻再去开门，可那敲门声很快就停止了。几天之后，又有人敲门，灰心的仙女懒得去开，那人却直敲不停。仙女终于被他打动了，第一次开了门。

第四步：分析论据——这段动人的故事中，第二位敲门者终于达到了目的。他比第一个人多了什么？毅力，只有毅力！没有毅力，成功只是虚幻，虎头蛇尾的奋斗也是徒劳。

第五步：过渡引申——如果人类没有毅力，我们也许至今还住在山洞里过着原始人的生活呢，然而，我们的社会毕竟在飞速发展。

第六步：深化论点——人们用毅力和着血汗，筑起了建设的丰碑。

从上面的例子可以看出，分析说理"六步法"，环环相扣，严密无间，说理至深，无懈可击，构成一段完整的议论段落。

2. 向推理要逻辑

论证就是运用论据来证明论点的过程。论证的目的在于揭示出论点和论据之间的内在逻辑关系。

根据论证所用推理形式的不同，可以将论证分为演绎论证、归纳论证、类比论证和因果论证等。

教学中我们可以采用以下四步来完成目标。

首先，通过典型举例讲清三段论演绎推理的形式、不完全归纳推理法中的简单枚举法形式、类比推理的形式、因果推理的形式；

其次，引导学生分析自己习作范文中运用到的推理形式；

第三，让学生修改自己的习作；

最后，坚持练习。

3. 向思辨要深度

许多考生在写思辨性作文时，不是完全"无知"，而是缺少思维的深度。对一个问题的分析，往往只看到表面现象就断然下结论，不去分析事物内部的因果联系，只知道是什么，不知道为什么，使得所写文章的立意停留在"是什么"上，忽视在"为什么"上的深入开掘，缺乏思辨性。

我们可以在写作教学中，着力培养学生形成以下10种辩证分析能力：①矛盾分析；②现象与本质分析；③数量与质量分析；④普遍性与特殊性分析；⑤因果分析；⑥必然性与偶然性分析；⑦可能性与现实性分析；⑧内容与形式分析；⑨内因与外因分析；⑩纵向与横向分析。

笔者的做法是，利用课前五分钟，让学生随机抽取一两则材料，让他当场提炼观点，进而谈谈自己的写作思路，让其他同学进行补充。然后，引导学生对所有观点进行分析与评价，明确其提炼观点的角度，对比观点的深刻性，引领思辨的方向。

4. 向章法要思维水平

写作是一种高级的活动，构思作文的成败优劣首先取决于作者的思维能力和思维水平的强弱高低。作文中的思维能力，主要有观察认识的能力，联想想象的能力，判断推理的能力，分析综合的能力，抽象概括的能力等。高中一年级则要在训练观察认识能力的基础上，着重训练联想和想象的能力，并开始训练判断推理的能力；高中二、三年级则要在继续训练前几种能力的基础上，着重训练分析综合和抽象概括的能力。教学中必须按照构思作文的基本规律，抓住学生作文过程中的弱点和难点，有计划地指导和训练。要把方法技巧的讲解和习作实例的分析有机地结合起来，从提高思维能力入手，解决构思作文过程中的困难。例如，有的学生遇到题目之后感到没啥可写，我们就要帮助他回忆联想，打开思路；有的学生文章芜杂，没有中心，我们就要帮助他分析归纳，提炼主题。作文中的各种思维能力，大量表现在章法当中。训练作文的章法，是训练思维能力的重要途径。章法的训练要体现在作文教学的全部过程中，从开始审题、立意、选材，到编提纲、写文章，到教师批改、讲评，都要进行章法的指导和训练。在章法训练的过程中，有两大问题要注意，一是章法要用具体的结构模板来体现，而且，这模板要复杂，避免僵化、套作模式，其板块要丰富，具有延展性，可重新组合；二是对模板中的板块要分解训练，在分解中真正落实好各个板块内部的逻辑关系、思维特点或要求。在章法训练中切忌只顾篇章整体架构的分析、训练，而更重要的是要注意局部、板块内部的思维要求的实现。毕竟，篇章大的架构是容易搭好的，学生在这个方面稍学稍练即会，而其真正的问题往往是出在某段中、某方法或技巧中。

（三）向"三融"要情感

人们在丰富的社会实践中，在认识世界和改造世界的多姿多彩的过程中，必然产生和发展着千差万别的各种纷繁情感，这些多姿多彩的情感，如果用议论的形式诉诸笔端留存下来，就自然而然地化作了议论文中的摇曳多姿的感情色彩。在议论文中，形象而充满情感的表达往往能收到理能服人，情也动人的效果；教材中的很多议论性文章都是感情洋溢，令人荡气回肠的。

议论有情，成在一个"感"字。写作是一种精神劳动，对所表达的内容无动于衷，搜肠刮肚地凑材料、挤语言，写出来的东西就不会情文并茂。下笔前要努力张开感觉之网，联想有关的人和事，联系某种具体的社会现实，形成真切的感触。举例说"谈追求"，联想屈原投江、鲁迅弃医从文的具体经历，借助情感牵引，首先使自己激动，使自己欲辩，使自己的心态从平静上升到亢奋，努力达到不吐不快的境界。在这样的情境下，可使"议论有情"。

议论有情，重在一个"融"字。在议论文中，作者肯定什么、否定什么、赞扬什么、讽刺什么，都必须是鲜明而发自内心的。议论文中的感情色彩不是机械抒情，不是大发感慨，也不是堆砌华丽辞藻，而是融情于叙事，融情于析理，融情于遣词造句。

教学中对于融情于叙事可以先用典型例子，如鲁迅《中国人失掉自信力了吗》的一段话："我们自古以来，就有埋头苦干的人，有拼命硬干的人，有为民请命的人，有舍身求法的人……虽是等于为帝王将相作家谱的所谓'正史'，也往往掩不住他们的光耀，这就是中国的脊梁。"来帮助学生理解并掌握这一技法，然后以此技法的落实作为习作要求进行习作，讲评中则让学生通过小组合作的形式共同讨论选出本组学生习作中落实这一技法的好段落并进行点评；同时，对融入情感不明显的段落进行修改。对于融情于析理则让学生在旧习作中直接加入直抒胸臆的语句后由小组集中赏析或改进。对于融情于遣词造句则是倡导学生在句式上多用排比、对偶、感叹句、反问句等，在修辞上多用比喻与拟人，在词语作用上不妨大词小用、庄词谐用等。

（四）向表达要气势

一篇好的议论文，不仅要"议"得深刻、透彻，而且还更应该要"议"得气势如虹，如一连串排炮，似一股飓风，顿时让人对这种扑面而来的凛然正气和无可气所深深折服。我们知道，运用排比、博喻、对比、类比、设问、反问、祈使句、双重否定句、连问句可以增强语气与语势。

教学中要引导学生有意识地运用以上修辞或句式，并通过反复修改体味来养成习惯、提高自觉。

（五）向情境要真实

张志公先生说："在工作和生活中写任何文章，都是为了一定的目的的，写给一定对象的，解决一定的问题的。学习期间练习写文章，尽管只是一种练习，也应当这么办：首先，想一想，为什么要写这篇文章，是写给谁看的，要解决什么问题的，把这些想清楚了，文章的中心意思就好定了，选用哪些材料，怎样安排组织，以至遣词造句的种种问题，都好考虑了。"回应张志公先生这种理念的是近年来盛行的任务情境作文。任务就是人们在日常生活、工作、娱乐活动中所从事的各种各样有目的的活动；情境是指一般的氛围、物理环境和当前的"背景"事件。在作文活动中，任务情境，是指那种带有写作任务的环境或背景。它通常包含作者（以谁的名义写？）、读者（写给谁看？）、目的（解决什么问题？）、话题（谈论什么？）、体式（以什么文体写？）五大要素。

1. 让"我"在场

写作是一种表达,"表达的价值在于真实,说自己的话,表达自己的真心实意(意志)、真情实感(情感)和真知灼见(思想),并为自己的表达负责"。对于议论文写作而言,作者要有当下的身份意识,即公民意识,以热爱、责任、理性作为其基本要义。近两年高考作文力避学生在故纸堆中循环,其用意想来也在于引领学生有当代青年勃发昂扬的生活热情,能对生活、对社会有独立的思考和判断。

教学中要培养学生有自己的故事、会讲自己的故事的能力,引导学生留出一定时间思考自己经历过、正在经历或是即将经历的事:我与父母之间的沟通交流,我与班主任的关系,我与同学的关系,手机与我们的学习生活,互联网对高中生的影响,我未来的大学生活等。

教学中要培养敢于正视自己、剖析自己,敢于有自己思考与观点的公民素养,力避"伪圣化""群性话语""公共思维"。

2. 让"他"在场

依据任务情境作文的特点,师生要转变观念,写作思维应由传统偏重"审题""立意"以写作者为中心的"自我意识"思维转向基于"开放性"与"交往性"特征的、以情景中的"对象"为写作中心的"对象意识"。那么,我们在日常的教学和备考中如何有效指导学生运用"对象意识"思维来提升作文水平呢?有人提出应抓好"五清":

(1) 认清倾述对象。要指导学生在材料里认清谁是写作的倾述"对象",扣紧题意,解决好"向谁说"的问题。

(2) 清楚对象诉求。对象的诉求就是我们写作的中心,写作者明确了"说什么",作文的中心才能突出。

(3) 理清倾述话题。体现在作文内容上,写作者就是要瞄准"对象",并拟定与"对象"交流的话题。侧重点在阐释"为何说",充实作文的内容。

(4) 厘清对象困惑。本着平等交流的理念,写作者要能设身处地替对方着想,而不是一味追求所谓的"自圆其说"。要主动帮助"对象"厘清困惑与误解,提高"对象"的认识。

(5) 清晰提出见解。解决材料情景中的问题是"任务型"作文中一项必须完成的重要写作"任务",也是衡量学生创新能力与解决实际问题能力的一项重要指标。

3. 让"目的"在场

遇到什么人讲什么话是指讲话的内容;遇到什么人怎么讲话是指讲话的方式;遇到什么人该讲什么和怎么讲,取决于讲话的目的。写文章亦是这样。写什么，为什么写和怎样写就是指文章的内容，写作的目的和表达的方式。一般来说，在这三者中，内容与表达方式应该围绕写作目的转，写作的目的决定了写作的内容及表达的方式。

"目的性"在学生作文中有重大影响。有人认为，诸如"为何要写这篇文章""出于这个目的如何更好地表达"这些"表达目的"在教学中的缺位，也是写作教学的终极价值难以实现的重要原因。

让学生作文增强"目的性"，可以参考语文教学专家李吉林老师的"情境教学"和李海林老师的"真实写作"、王栋生老师的《作文教学笔记》。

4. 让"目的"调控话题或题材

语境的构成因素尽管复杂，但总有一部分要素是稳定存在的，而且诸如时间、地点、场合、境况、话题、事件、目的、对象等相对稳定的因素都是有可控性的。对话题的控制是要依据言语交际的目的而定的，祝畹瑾认为，目的是说话活动按惯例所期待的结果以及参与者的个人目的。会话目的也是语境的必备条件，是会话进行的主线、方向，是交际行为的启动因素。在一定的目的支配下，人们才会产生言语的欲望和动机，从而进一步发展为言语交际的具体行为。会话目的既是言语交际的心理条件，又是言语表达的起点和要到达的终点。

如，2017年全国高考语文Ⅰ卷作文题写作中如果你要告诉外国青年朋友"延续传统、和平崛起的中国"，就选择"长城""京剧""一带一路"；如想说"拥有古老文明的传统中国"，可以选择"熊猫""长城""京剧"；打算突出"科技进步、快速发展的现代中国"就选择"高铁""移动支付"；拟强调"美好蓝图与现实挑战并存的生态中国"，不妨选择"美丽乡村""空气污染"……

5. 用"目的"驱动"文体"

实际写作中，学生的表达目的和写作意图，具有多样性，如阐发观点、表达对具体事件的主张、表达某种情感、呈现诉求、传达心声、传播文化、展示生活、批评与颂扬……甚至连吐槽、发牢骚都是。它的多样性，对学生进行写作活动时所需要具备的各种写作素养以及把握文体特征提出了要求。刘勰在《文心雕龙》里把文章划分为表、赞、盟、说、论、悼、铭、记等三十多种文体，这些文体都是基于"目的"的。比如，面对不遵守交通秩序的现象，如果想跟不守规则的人说理，就可以写议论文；如果想表达"我"的批判和厌恶，可以选择杂文；如果想表达"我"的忧虑，不妨选择既记叙又抒情还可讲道理的议论性散文；如要批驳错误观点，则宜选择驳论文……

四、高中议论文写作教学实践范例

为更好地引领教学实践、实操,下面介绍笔者开展的自主合作探究式文段练笔活动。

自主合作探究式文段练笔活动力图通过"以写促读""以批导写""以比促效"三个途径,让学生自主寻觅话题,自主探究"活水",自主评价作品,培养学生关心社会、人生,注重阅读、积极思考、关注并提高认知、表达水平,进而提高学生创作能力、探究意识及能力。

(一) 三个途径

1. 以写促读

学生要完成每天的写作任务,必然要去阅读课文、了解资讯、品读社会人生。

2. 以批导写

批阅任务必定会促使学生在得到提醒、赞扬的同时,培养自我的良好的语言习惯,习得规范和优美的语言表达形式。

3. 以比促效

通过评比优秀作品、优秀命题,提高学生主动探究、力争上游的积极性。

(二) 本活动的具体操作

1. 分组

自由组合,6~7人一组,选出组长1人。

2. 命题内容(方向)

①上周关注(社评)。

②课文心得。

③想象天地。

④图说世事。

⑤佳作(段落)仿写。

⑥直抒性灵(日记、周记演绎)。

⑦阅读启迪。

3. 实施

①以上7个内容(方向),依次循环,7天(1周)一轮。

②组员按照以上内容(方向)(除⑥以外),依次命制具体题目(或确

定具体范围）。具体要求见表6-2。

表6-2 命题内容的具体要求

上周关注	课文心得	想象天地	图说世事	佳作仿写	直抒性灵	阅读启迪
提供上周内发生的某个事件	指定某篇课文。（原则上按照高三语文备课组复习进度确定相应文体的课文）	自命制或选择题目一道	自找一幅漫画或其他图画。还可在此基础上明确写作要求	找出一两个拟仿写段落，并明确具体的仿写点	把自己的日记或周记演绎成一篇小文章。重在抒发情感，观照内心。（如确是个人隐私，可以不交，但应另自选1题创作）	从《名师面对面》中选择文章

备注：各小组也可以自定训练内容（方向）系列，交由教师备案。

③当值组员任务：头一天第2节课前确保告知组员自己为大家命制的题目或确定的范围；第二天第二节课前收齐组员昨天的小作文并及时批阅后于当日第八节放学前发回给各组员；填写《小作文训练任务完成情况统计表》；自备一本小作文训练本（保证能用一学年：200页以上，每页能写300字），并严格完成小作文训练任务。

④组长任务：确定组员承担任务的顺序并督促各组员及时完成相应任务；审定并修正组员推荐的日优秀作品并组织组员点评；组织组员评定并点评周优秀命题1~2个、月（四周）优秀命题2~3个；将优秀作品、优秀命题（含组员点评）以电子稿形式交给教师；组织评选周优秀批阅者。

⑤小作文字数要求：第1个月，每篇100字以上；第2个月，每篇150字以上；第3个月及以后，每篇不少于200字，原则上不超过300字。

⑥小作文批阅要求：指出错别字（在字下打"×"），指出好词（在其下加"○"）、误用词语（在其下加"△"），指出好句（在其下画波浪线）；进行简短点评。（可以总评，肯定其优点，针对其不足提出建议；也可以分评，对某个好词或好句进行点评）

这一阶段由教师命题，每周1篇小作文，全员参与，全收全改全讲评，每一次讲评都尽量根据学生文章中出现的突出问题找到切入点进行。这些切入点大致有以下几个方面，叙例具体、议例方法、升华（或深化）角度以及写好事例排比段、话题作文化大为小等。现在回过头来看，不难发现，这些点还能成一系列，紧扣了学生议论文写作的难点。其中，学会论证的，以下是"点评学生作文段落指导学生写好论证段落"教学例子。

作文标题：逆境出人才

请对下列各段的论证作简要评价并提出修改意见。最好写出修改文字。①

第二段：没有上衣和鞋子被迫蛰居家中反而促使马克思埋头史书典籍，让思绪游历五湖四海，没有钱寄稿子他照样笔耕不辍，没有好的条件并不妨碍他成为人才，留下不朽的著作。逆境只会让他更加执着于自己的事业，因为没有灯红酒绿的诱惑，他可以醉心于研究人类文明发展史；因为不用担心稿子通不过，他可以天马行空构建自己的社会主义乐园；没有好的条件从某种程度上可以让他心无旁鹜，不为物役而迅速成才。

评："没有钱寄稿子他照样笔耕不辍，没有好的条件并不妨碍他成为人才"强调的是马克思的主观能动性；没有很好地突出"人才"二字；"因为不用担心稿子通不过"一句有歧义；"天马行空"一词用得不当；关于逆境对马克思的影响的阐述有点空，欠说服力。

第三段：逆境是成功不可或缺的条件，是成就人才的重要因素。马克思的生活无比穷困，但在这穷困之后，他却以突破世人的视角透析了资本主义的弊端，写下了名垂千古的《共产党宣言》。毫无疑问，马克思是天才，他以独到的眼光洞悉了世界发展的态势，但他成功的背后是逆境在磨砺着他——在逆境中，他明白了资本主义不公的现实，萌生了他构建社会主义的思想；在逆境中，他磨炼了自己的心志，为写下这篇著作积累下他自己的体验。倘若没有这逆境，马克思生活在一个非常安逸舒适的环境里，又有什么能够促使他清楚地看到资本主义的弊端呢？谁也不敢保证马克思这个名字会像现在这样在千家万户中流传。逆境为成就马克思提供了必不可少的条件，同时也造就了他这个人才。

评：内容要点较齐全，从提出观点到论证到结论；关于逆境对马的影响的阐述较实且注意意义和假设分析配以反问，增强了论证力度；观点也较客观。

小结：①写出关键词（如逆境、人才）；②写出关键词之间的逻辑关系

---

① 以下罗列了部分文段及点评，其他文段及点评可查看笔者博客：http://blog.sina.com.cn/u/1772000517。

（出）；③注意段落展开的规范，从提出观点到引出论据到论证（先叙后议或叙议结合或以议代叙）到结论；④分析要实，注意展开。

话题作文化大为小的，如以"把握"为例谈话题作文化大为小。

不少同学谈把握的必要性。这表明，面对如此类似话题的标题作文，我们没有设法化大为小。

那么，如何化大为小呢？请看下面的语句。

（1）组词。

把握原则（方法、规律、分寸、进程、本质、幸福、特点、目标、技巧、度、关键时刻、方向、策略、形势、他人心理、消费需求、学习重点、商机、细节、人生等）。

（2）组合、扩展词语成短语。

把握发展这个主题、把握成长规律、把握与敌斗争的分寸、把握人生进程的关键阶段、把握快乐的本质、把握属于自己的幸福、把握青少年的心理特点、把握人生目标、把握学习方法、把握他人心理的技巧、把握消费需求成就商机……

（3）扩展短语成句子（观点）。

把握发展这个主题，妥善处理国际争端；把握成长规律，主动调节身心；把握与敌斗争的分寸，谋求共同发展；把握人生进程的关键阶段，打造活力青春；把握快乐的本质，视奋斗为青春必然要义……

（4）扩句成提纲。

把握发展这个主题，首先要坚持一切为了人民，其次要贯彻可持续理念，最后要均衡、公平。

把握成长规律，应具备一定生理、心理知识，应借鉴他人教训，更应常作自我反省。

把握与敌斗争的分寸，坚持主权不受侵犯是第一要义，有理有节是基本原则，共同发展是争取目标。

……

（5）从熟悉处找风景（联系此前写过的话题或标题）。

把握自身特点，活出真我风姿；

把握人生，追求人生过程美；

把握环境，积极适应，成就自我；

把握问题本质，方可真正解决问题；

把握科学方法，突破事业发展瓶颈；

……①

---

① 详见本人博客：http://blog.sina.com.cn/u/1772000517。

仿写练笔的，如以"石头与商机"为话题和以"底线"为话题的"九段综合式"写作。①

审题立意训练，如"刘成德种桃致富事例材料作文"讲评。②

这一阶段除集中讲评以解决问题外，还为激励、鞭策、失去辅以以下两种方法：一是面批；二是公开（将全班大部分同学的作文的长处和不足在班上作文讲评课时予以公布，选出最优秀的文章让作者自己朗读出来，让他/她充分享受成功的快感。这就成为他/她下次作文的动力，对其他的学生也能起到带头作用）。

此外，为了让学生明白大作文可以来自自主合作探究式文段练笔的道理，同时为了训练记叙文"小变大"的能力，我会选择要素齐全的自主合作探究式文段练笔作为扩展蓝本，要求学生扩写成文。在大多数学生选择主攻议论文的前提下，我在自主合作探究式文段练笔训练中有意识地引进优秀文段模仿训练，在引导学生鉴赏同学的好文好段的基础上，要求学生模仿写作。

几点说明：

（1）要注意激发学生的持续写作的兴趣。

值得强调的一点是，要想使自主合作探究式文段练笔达到预想的效果，教师要经常督促、检查，交流、评比，在学生中引入竞争鼓励机制，真正让学生动起来。因为"激发学生的写作主体性对学生作文能力的可持续性尤其重要"。

往常的作文教学过程，学生把大量的时间花在写作的过程中，但我认为要把大比例的时间花在作文的评价与修改之中。也就是说，评改优于作文，学生学会评价与修改作文比写好一篇作文更能有所收获，因为其通过对文章写作方式方法的反思树立了写好作文的良好标准。过去，学生们都是写完作文就等教师评改，然后根据这个评改去修改作文（很多还没有落实）。其实这种传统观念令学生放弃了学会评价作文的权利。

（2）贵在坚持。

作文没有速成之术。目前市面上各种教写作文的书籍盛行，尤其是快速作文法更是满天飞舞，从长远来看，这些都是不可取的。自主合作探究式文段练笔并没有太多传奇的招数，而是一个具体的训练方法。很多伟大的成就不在于其方法多么高妙，而在于坚持不懈。学生的进步在于一点一滴地积累，在于平时不懈地努力，不能操之过急。

---

①② 详见本人博客：http://blog.sina.com.cn/u/1772000517。

(3) 注重探究。

必须重视每一次的教学，哪怕是一个小小的片段练习，也要细细琢磨。仅凭几篇范文，不做深入研究，学生是连一个像样的片段都写不出来的。

(4) 确保时间、精力的投入。

学会挤时间，舍得花时间。课堂上，学生讨论的时间是不能省的，但不能"冗长"，控制全在于课前精心准备。

(5) "自主合作探究式文段练笔"开展周期宜长。

自主合作探究式文段练笔应该贯穿于整个高中作文教学，仅高三展开是不到位的，也是更难于操作的，毕竟，对学生而言，高考分数是现实的刚性需求。况且，语文课程的根本目的也"要关心学生眼前可见的水平提高"。

(6) "自主合作探究式文段练笔"要注意密度。

自主合作探究式文段练笔原定方案安排密度过大，要求学生每天练笔，从实际操作看不容易做到。或许，还要引进更多的激励措施，更讲究可持续性的策略。

写作是一种高级的活动，构思作文的成败优劣首先取决于作者的思维能力和思维水平的强弱高低。作文中的思维能力，主要有观察认识的能力、联想想象的能力、判断推理的能力、分析综合的能力、抽象概括的能力等。高中一年级则要在训练观察认识能力的基础上，着重训练联想想象的能力，并开始训练判断推理的能力；高中二、三年级则要在继续训练前几种能力的基础上，着重训练分析综合和抽象概括的能力。教学中必须按照构思作文的基本规律，抓住学生作文过程中的弱点和难点，有计划地指导和训练。要把方法技巧的讲解和习作实例的分析有机地结合起来，从提高思维能力入手，解决构思作文过程中的困难。例如，有的学生遇到题目之后感到没啥可写，我们就要帮助他回忆联想，打开思路；有的学生文章芜杂，没有中心，我们就要帮助他分析归纳，提炼主题。作文中的各种思维能力，大量表现在章法当中。训练作文的章法，是训练思维能力的重要途径。章法的训练要体现在作文教学的全部过程，从开始审题、立意、选材，到编提纲、写文章，到教师批改、讲评，都要进行章法的指导和训练。在章法训练的过程中，有两大问题要注意，一是章法要用具体的结构模板来体现，而且，这模板要复杂，避免僵化、套作模式，其板块要丰富，具有延展性，可重新组合；二是对模板中的板块要分解训练，在分解中真正落实好各个板块内部的逻辑关系、思维特点或要求。在章法训练中切忌只顾篇章整体架构的分析、训练，而更重要的是要注意局部、板块内部的思维要求的实现。毕竟，篇章大的架构是容易搭好的，学生在这个方面稍学稍练即会，而其真正的问题往往是出在某段中、某方法或技巧中。

五、关于高中议论文写作训练序列

中学作文教学涉及几个系统,一个是文章本身,一个是写作本身,一个是写作能力要求,一个是文章评价,当然,还有教与学,甚至是作文内容或主题。而这些系统有的是外延丰富,有的还呈阶梯上升关系。因此,作文教学必须成序列,而且是由一个多样系统序列所组成的。高中议论文写作序列化训练已经有很多同仁进行了研究和实践,取得了很多可资借鉴的有益成果。不过,笔者认为,这里面有三点要注意。一是不顾学情的只是按照习作规律或要求的泛序列化,就是不管学生现状如何,一味地按既定序列一一展开教学,所谓为序列化而序列化。二是撇开"人",只着眼于"考"而展开序列化教学,其实就是教学中只关乎"技"而不在意成文("器")中的作者真情实感和个人独特体悟("道")。这也就是说,在关注序列化教学时,完全可以根据需要从中选点教学,也更应该为培养"人"而进行教学,要注意写作是自由性灵的抒发,个人思想的传达,而不是技能、技巧的训练。三是任务情境作文提出以后,我们要考虑的是如何在"得体"的关照下开展作文实践。基于作者(以谁的名义写?)、读者(写给谁看?)、目的(解决什么问题?)、话题(谈论什么?)、体式(以什么文体写?)等五大要素构建作文训练序列。

下面,介绍陈兴才建立的"地球仪"式的教学内容结构图式。参照地球仪的构成元素来表达:地轴——表达目的,纬线——文体类别,经线——写作技法知识,球面——生活与成长领域(见表6-3)。

表6-3 "地球仪"式的教学内容结构图式

表达目的(地轴——为什么写)	文体(纬线——什么样子的)	技法(经线——怎么写)	生活与成长(地表——涉及什么内容)
介绍自己、了解对方;劝阻、解劝;反对、支持;表达快乐、愤怒、忧伤;解释、沟通;质疑、提醒;表现美、丑;赞扬、批判;详细描述;……	书信、公告、通知、说明书;诗歌、小说、戏剧;通讯、回忆录、说理;游记、科幻故事;新闻特写、时事评论;研究性学习报告;小论文、调查报告;……	细节、冲突;分析、论证;虚构、想象;结构、线索;章法、修辞;抒情、意境;自批、润色;……	城市文明与乡土文化、记忆与失忆、辩证与质疑、赞美与批评、我是谁、传统与现代、自由与容忍、雅与俗、学会评价、道歉与反思、公民身份、契约精神……

六、 在议论文写作教学中培养学生的信息素养和媒介素养

信息素养是其中一个方面，它涉及信息的意识、信息的能力和信息的应用。它包括运用信息工具获取、处理、生成、创造信息和信息免疫等，而议论文写作搜集、运用素材与此密切相关。媒介素养是指人们对各种媒介信息的解读和批判能力以及使用媒介信息为个人生活、社会发展所用的能力。所谓媒介素养教育，就是指导学生正确理解、建设性地享用大众传播资源的教育，通过这种教育，培养学生具有健康的媒介批评能力，使其能够充分利用媒介资源完善自我，参与社会发展。在议论文写作教学中，新闻评论直接关乎学生媒介素养及媒介素养教育。

七、 议论文模式训练法

历史上曾大力反对八股文，或许其模式化弊病是原因之一。但现在的作文教学似乎也离不开模式训练。存在的就是合理的。笔者不仅不反对，还在这一方面总结归纳出了议论文写作结构模式九段综合式训练。具体模式如下。

第一段：开宗明义，提出论点。或引用，或比喻，或排比，或比兴，总之，三句话即直奔主题，切忌故弄玄虚、弯七绕八、拖泥带水。

第二段：正面详例剖析，叙议结合。事实胜于雄辩，一个精当的事实论据，往往能够有力地证明论点。只是要写好详例剖析殊为不易，不少学生忘记了议论文的体裁特点，叙事过于详尽，变成了记叙文的写法，这是应该尽力避免的。要学会"三明治"式的结构，即首尾是议论评价性文字，中间是高度概括性的叙述（一般不超过 90 字）。

第三段：正面略例排比，形成气势。如果说详例是点的勾勒，那么略例就是面的铺展。点面结合能够形成立体感，略例以三四个为佳，若能形成古今中外的格局，则更有全面的代表性了。

第四段：反面详例剖析，叙议结合。写法同上。

第五段：反面略例排比，形成气势。写法同上。

（这样，正反结合，对比鲜明，从而更加突出中心）

第六段：立靶驳论。

第七段：辩证分析，立论周全。任何理论都不过是一种假设，绝对的结论容易产生偏颇，因而一段辩证的分析能使立论更为严密周全。

第八段:联系实际,升华主题。这一段是为了突出文章的现实针对性,联系实际,解决问题,从而使主题得到进一步升华。

第九段:呼应题文,严谨结构。(照应题、文、材料)

第七章

技、器、道三位一体优秀传统文化教学和段落教学

我们的文字、词语、句式、修辞、文章等作为语文教学的内容或对象，其中无不存在着我们的优秀传统文化因素，只要清晰地挖掘其中内蕴的中华优秀传统文化因素，自然就是对学生进行中华优秀传统文化的教育与熏陶。

文言诵读、实词剖析，是文言文教学中渗透传统文化教育的良好方式。

"诗家语"的掌握，同题材诗作特点归纳和比较阅读有利于在古诗教学中渗透传统文化教育。

高中段落教学首先要与高考要求相结合，其结合就是纳入压缩、简明、连贯、得体等教学中。高中段落教学最主要的是要与作文教学相结合，其结合点有记叙文中的具体描写段落和议论文的论证主体段落的训练。高中段落教学可以作为快速阅读训练的起点。

第一节　高中语文渗透中华优秀传统文化教育

众所周知，中华优秀传统文化内涵极为丰富，外延广泛无边。因而，直接针对它进行教学不能算是语文教学的根本任务，更是偏离学科性质；在语文教学中视之为必要施行则可，视之为必然之计则谬矣。如此，在高三备考中展开中华优秀传统文化的教育教学则必然是个难题。要解决这一难题，自然只能渗透；而渗透则必须做到妙到毫巅，不露痕迹，否则容易反客为主，耕了他人之地，荒芜了备考这块田。

那么如何做到呢？

所幸，语文教学本身有关于语言文字的教学，而语言文字则是承载中华

优秀传统文化的载体。明白了这一点，则问题豁然贯通。

我们的文字、词语、句式、修辞、文章等作为语文教学的内容或对象，其中无不存在着我们的优秀传统文化因素，而这一切都关乎高考语义必考的考点。如此，在备考过程中，我们只要清晰地挖掘出以上考点或知识点、能力点中内蕴的中华优秀传统文化因素，做到既帮助考生备考，又对考生进行中华优秀传统文化的教育与熏陶，则自然就把备考、中华优秀传统文化教育、核心素养很好地融合起来了。

我们知道，语文教学必然离不开表达了什么、表达出了什么，用什么语言形式表达的，又是怎样表达的这三个层面。其中表达了什么、表达出了什么可以认为是"道"，语言形式则视为"器"，而怎样表达就是"技"了。这样定义的话，那么上文所说的文字、词语、句式、修辞、文章就应该是"器"，而这些"器"背后无不存在"技"，里面无一不承载着"道"。教学中通过"技"来明"器"，练"器"，成"器"，则自然"技"在而"道"生。是之谓"技"成"器"，"器"蕴"道"。

一、教学策略

我国的传统文化流传年代久远，其中包含着民族历史与道德传承，是社会建设的基础，是文化发展的内在驱动力。高中阶段学生思维成熟，正是传统文化吸收和理解的最佳时期。但同时高中阶段正处于升学的关键时期，所以大多数学校在应试教育的影响下，对语文这项基础性学科的教学过于追求形式化，导致许多学生在学习语文时的目标出现偏差，忽视语文中的文化内涵，仅对所学知识是否能助其得到高分产生兴趣。

为保证教学效果，提高学生的文化素养，真正为学生的发展奠基，为学生的核心素养培养服务，在教学中渗透中华优秀传统文化必须讲究策略。

1. 立足课本，科学设计

在进行高中语文教学时，为了确保传统文化能够有效地与语文教学融为一体，教师应该立足课本，从培养学生语文素养的整体性出发。首先在进行语文教学时，教师应该充分地对教材的内容进行详细的掌握，进而结合学生的实际学习情况，全面、整体地确定教学目标，并进一步地围绕这个教学目标进行科学的教学设计，在进行教学设计时，教学内容与方法一定要满足能够促进学生获得传统文化知识的同时，又能够形成正确的价值观和积极的情感态度。比如，有教师在讲《兰亭集序》时，讲到"快然自足，不知老之将至"，会引用到《论语》中的句子："叶公问孔子于子路，子路不对，子曰：'女奚不曰：发愤忘食，乐以忘忧，不知老之将至云尔。'"这是以孔子发愤忘食、珍视时间为例，让学生们更深切地感受到时不我待之感，从而更加理解文本的内涵。《寡人之于国也》里面有这样一句话"申之以孝悌之义"，有教师会引用"弟子，入则孝，出则悌，谨而信，泛爱众，而亲仁"并做适当的点拨，让学生明确孝是对父母的孝顺，悌是对兄长的友爱、对师长的尊敬，既加深了对文言字词的了解，又加强了对学生思想道德的教育，让学生感受到传统文化的精髓和魅力。

2. 讲究方式，激发兴趣

兴趣是学习最好的老师，任何知识的学习，想要取得较好的学习效果，都离不开兴趣的推动。因此，为了确保传统文化能够与高中语文教学进行完美的结合，在进行教学时，教师应该注重教学方式的运用。在进行高中语文传统文化教学时，教师可以使用多媒体、音乐、灯光等辅助教学工具，营造良好的教学氛围，并且要有条理地贯穿于课堂教学中。比如在《兰亭集序》的课堂教学过程中，在学生熟悉文章结构后，可以播放中国古典乐风《兰亭集序》的朗诵MV，视频背景以山水景色为主，让学生从视觉、听觉上感受《兰亭集序》所描绘的景色。这种利用多媒体的教学形式可以更多地融入传统文化，也可以提高学生的学习兴趣和学习记忆效果。同时也可以从一些历史典故出发，引导学生对传统文化进行思考。还可以结合猜谜和影视作品，引导学生进入传统文化，接受其濡养。如《奇妙的对联》这课，可运用《唐伯虎点秋香》对联竞技的经典桥段，让学生立即产生兴趣，领略对联的强大魅力，感受传统文化的博大精深，让学生在轻松愉悦的环境中便学习了传统的文化。

3. 服务高考，以分促学

高三教学不追求分数是不现实的，把分数的追求与对学生的培养结合在一起，离不开老师的导与引，离不开老师的良好设计。只要在教学过程中能有效地融合两者，学生那浮躁的心理、那急功近利的心理肯定会平复，甚至会在愉悦的状态下熏陶渐染，不着痕迹地就受到了中华优秀传统文化的濡养。

二、教学切入点

1. 汉字教学切入点

于文字教学而言，六书则是"技"，字本身则是"器"，字义则是"道"。高中语文一般不进行识字教学，但对于学生作文中常见的错别字则不可漠然视之。此时若进行教学，恐怕不能仅仅帮其改正，或让其自生自灭了。利用六书来分析这些错别字，帮助学生建构起音形义之间的联系，学生当会更有收获。

例如：练和炼这组两个字都念 liàn，学生也常错。那么如何区分呢？

我们可以从六书入手，这里即从形声字入手，把握它们的形旁来辨析。

炼的偏旁是火字旁，其本义当与火有关，因此，可以联想到词"炼钢"，并由此推断出其义为用加热等方法使物质熔化并趋于纯净或坚韧。

练的偏旁是绞丝旁，其本义是指白绢；还可指把生丝、麻或布帛煮熟，使柔软洁白。

如此解说后，学生自然对炼字与练字的区别恍然大悟了。而对"锻炼"为什么用"炼"，"练习"为什么用"练"也就不存疑惑矣。

当然，这样做是需要借助字典的。

那么，不借助字典，发挥一下学生的积累与识记功能，我们还可以通过让学生编顺口溜的方法区分形近字。例如：

教师提出：你能根据"泡""跑""袍""炮"四个字偏旁的特点，结合生活实际编一编辨字歌吗？

一阵沉默后，有几个学生已跃跃欲试。

学生甲："用水吹泡泡。"

学生乙紧接着说："有足飞快跑。"

学生丙也不甘示弱："有衣做旗袍。"

"用火来点炮。"另一个学生迫不及待地喊道。

就这样，在思考、交流中学生思维的火花不断被点燃，他们编出了许多朗朗上口的歌儿，不仅学得生动活泼，而且收到了很好的效果。

在这样的教学中，我们充分利用了形声字的特点——由形旁和声旁构成，声旁表音，形旁表意；这样教学完全可以教会学生利用字典对汉字字形和字义进行较为准确的识记。如此，即由"技"掌握"器"，由"器"得到了"道"。

2. 词语教学切入点

于词语教学而言，构词法为"技"，词本身是"器"，而词义则是"道"。高中语文教学中直接以词语为对象的教学安排极少，但在作文教学中的审题里面则离不开对关键词语的准确理解。

近来，有些学者提出了"文化词汇学"这一学科概念，对词的构成中的文化因素的分析非常有见地，也确实给人以启发。如苏新春在《当代中国词汇学》一书中提到"节"字，指出"节"字是能产性很高的构词素，它构成的复合词有很多："节拍""节操""节俭""礼节""调节"等。对这些复合词进行分析，可以发现其中所用的"节"字不外乎两个意义特征：一个是"分段"义，另一个是"缩略""紧扣"义。这两个词特征都与竹子的天然特点相吻合，汉语利用了竹子的这两个特征表达了汉民族生活中相当丰富的内容。像"分段"义所表示的对象就从时间到空间，从音乐到文艺，从生产到文章。尤为值得注意的是，"缩略""紧扼"义大量被用来表示人们情操上的一种理想境界，"节"成为中国各个历史时期人们最为讲究的东西。"节操""气节""名节""贞节"都极为人们所看重，这种感情的高度凝集就不单单是从构词法上词素的能产性所能解释得了的。这实际上是民族情感的表现，这种情感在汉民族中相当普遍地存在着；正是它的存在才孕育出"节"这个词的强大构词力和极为宽泛的词义笼罩力。由此可见，词素的构词力，单音基本词在汉语词汇体系中所具有的地位和作用，还必须到汉文化体系中去寻找那更为深层的原因。因此，有学者认为，从文化层面上对汉语构词的研究是十分必要的，这是从汉语自身特点出发创制出一套真正的汉语构词法的必经之路。

结合这一学说，对于高一、高二的学生来说，我们可以就此设计学生研究性学习。

对于高三学生来说，通过作文讲评，引领学生对关键词的文化内涵进行解读，是否可以提升作文的层次，是否可以让学生在作文中寄寓更深层次、更富文化因素的"道"呢？

3. 成语教学切入点

于成语教学而言，成语本身是源自于古代，其中蕴含的文化信息应是相当浓郁的，充分利用好成语进行教学是直接传承文化的良好途径。具体做法有：

（1）指导学生在平时对成语进行分门别类的整理。

成语数不胜数，要记住并能恰当地运用并非易事。为了便于学生积累和记忆，我要求学生在平时积累成语时分6个板块：成语与动物、成语与人类、成语与植物、成语与自然景物、成语与方位、成语与数字。而成语与人类则又分成语与人体、成语与表情神态、成语与心理活动、成语与精神品质、成语与学习。

在复习中可以指导学生按对象、谦敬、色彩等对成语进行分类归纳与强化识记。在进行文化常识的教学中又联系成语，对包含文化常识的成语进行归纳整理。

（2）每节语文课前组织学生讲一个成语故事。

每节语文课前我让学生讲一个成语故事，讲故事的学生先不说出成语是什么，讲完故事后，让其他学生根据故事情节猜成语并说出含义，再给予确认。然后，教师引导学生进行造句、说褒贬、明情感、论范围等练习。这样，讲故事的学生讲得有兴趣，听故事的学生听得认真，学生对成语理解透

彻，记忆深刻。

（3）专题检测。

成语学习不能只讲数量不讲质量，因此，在积累一段时间以后，进行一次成语检测，对于了解学生成语掌握情况、激发学生更好地学好成语有一定的作用。为了使检测更有的放矢，结合平时的分类积累，我的检测也分阶段、分专题进行。测试完毕，对于掌握成语好的学生给予小小的精神和物质奖励，让学生体验到学习的"成就"。兴趣是最好的老师。为了激发学生学习成语、积累成语的兴趣，除了出卷测试外，我更多的做法是设计一些学生乐于参与的活动，如成语接龙游戏、成语故事会、班级对抗赛，让学生广泛参与其中，同学们都摩拳擦掌，热情高涨。

4. 句式教学切入点

于句式而言，文言句式当然是古代文化的直接反映；在这一点上，进行专题复习是大家皆然的事情。这里不再赘述。

5. 语法教学切入点

于语法教学而言，在高三的复习中比较淡化，对词法一般不进行专题教学，而对句法则因辨析病句的需要对成分划分和单复句知识会进行点到为止的教学。即便如此，如果教师能有所作为，对学生较好把握语法同时又有文化体认是会有好处的。

据石毓智先生的《汉语语法》，中国的语法结构从古到今都是SVO，即主谓宾格式。其中有几个关键点值得教学中关注。

（1）古代汉语语法结构跟现代英语语法结构有很多相同的地方。这个就很好解释，当年那些学四书五经的人出国后，为什么英语学得非常之好。我想除了从小训练而成的背功之外，语法结构相似也是一个很大的因素。

（2）古代汉语中量词很少，而英语中没有量词，比如我们说人用"个"，说纸用"张"……量词是怎么发展来的，语言结构与中国人的等级观念是否有关，是很值得研究的地方。

（3）中文通过语序强调主次关系。通过对语序关系的分析，大概能挖掘出我们的思维习惯，也可展现出我们非人本化的根基。

另外，古汉语中，对女性单独的代词好像没有，"她"是在近代白话革命中才出现的词，可能跟西方语言影响有关。这点是否是近现代一些学者所认为的中国文化是"女性"文化的佐证？不要一听"女性"一词就以为不好，女性文化是一元文化，我们应该反思与自我研究。

可以把一些学者的相关研究印发给学生，以帮助学生打开视野，增强文化认同，学会文化比较。这些研究材料有《从汉语语法角度阐释中西文化差异》《汉语语法基本单位的文化特征》《汉语语法中的文化积淀》等。

6. 修辞教学切入点

于修辞教学而言，语言贮存了人类全部的生活准则和行为模式，是民族文化的载体。修辞学属于语用学范畴，它研究语言的具体运用，修辞观必然浸透着一个民族的文化内涵和文化精神。在汉文化的影响和制约下，中国修辞观浸染着浓厚的汉民族文化情结和价值观念。

比如，在教授《邹忌讽齐王纳谏》中的规谏艺术就包含"温柔敦厚"的审美观。这"'温柔敦厚'的修辞内涵可以概括为两点：一是冷静的语言态度，即作者尽量在语词间把自己隐藏起来，在不动声色的叙述中暗示自己的褒贬态度；二是作者以隐晦的曲笔、含蓄的微词，向人们暗示其中的'微言大义'"。这样的修辞使语言具有很大的审美潜质，对事物的图解有较大的阐释空间和诠释余地。它要求语言修辞要表现出大中至美，既要"尊贤"，又要"容众"；既要"致广大"，又要"极精微"；可以"乐"，但不能"淫"；可以"哀"，但不能"伤"；可以"怨"，但不能"怒"。最终目的是经由言语表达的高远简淡、祥和宁静达成伦理情感的丰厚醇正。

再比如，比喻这一修辞，是中国传统农业社会历史发展的文化积淀，彰显着传统农业的实用主义理念、注重情感关系和谐的构建、崇尚尊贵有等和长幼有序的内涵特质，承载着丰富博大而复杂的文化理念，透视着中国人独有的民族气质和传统宗法农业价值观。如："那姑娘真漂亮，像牡丹花一样！""这小伙子敢闯，真是初生牛犊不怕虎啊！"等等。听起来合辙押韵，读起来朗朗上口，简洁生动，形象易懂，深受人们的喜爱。然而外国留学生在接触、学习汉语中有关描写大自然及动物的比喻修辞时却往往感到困惑、难以理解，如：牛，在日本留学生看来它难看笨重，不明白为什么中国人把很多美好的成语都用于赞美牛？这里面就有文化差异。

在中国，天地日月、风霜雨雪、江河湖海、花草树木等都被人们纳入到比喻修辞的描写视野里，成为中国人在农业生产的历史与现实中发展成长的文化佐证和文化信仰。这种文化信仰在用于牛、马、猪、狗等动物描写的比喻上则表现得更为突出。我们知道，地球上的动物不计其数，牛马这些烈性十足的动物当初能够被成功地驯服驾驭，走进人们的农耕生活，成为人们进行春种秋收的重要工具，成倍地增加劳动效率、减轻劳动强度、提升生活质量，对人们从事农业生产起着相当重要的作用；即使是在农业生产机械化程度日益发达的今天，人们依然离不开它们。所以千百年来，人们把许多美好的比喻都给予了它们，如赞美小伙子的身体强壮，说"他的身体壮如牛"；赞美一个人勤奋努力工作，说"他像一头老黄牛踏踏实实地工作"；"一马当先"是比喻一个人起好的带头作用；"老马识途"比喻富有经验的人在办事和工作中熟悉情况容易做好；还有一牛九锁、一牛吼地、牛毛细雨、多如牛毛、马到成功、马首是瞻、牛头不对马嘴等。尽管人们也清楚它们存在着诸多缺陷，如，老牛破车、瞎马临悬崖等，但是中国人主要看重的还是它们对于人类生活做出的巨大贡献，看重的是它贡献于农业生产上的实际劳动价值，至于其他方面的则完全可以忽略不计。

当然，比喻这一修辞所蕴含的文化因素不仅这一点，在此仅以为例罢了。而仅就此例而论，我们在教学中是否可以有所作为？它告诉我们使用比喻是必须注意我们的民族心理的，是带有感情色彩的，不能随便以个人的爱好厌恶来选择喻体。比如，我们会说"你笨得像一头猪"却不能说"你笨得像一只猫或一条狗"。当然，在特定语境下，我们也可以说你笨得像那只猫、那条狗。

7. 古文教学切入点

古文教学，是进行传统文化渗透的重要阵地。传统文化渗透的策略很多，教师应根据不同文本及教学内容加以选择和设计，让学生在学习中体会汉语言文化独特的魅力，促进学生语文素养和人格精神的全面提升。

对于高三备考而言，毋庸讳言，我们的重点是放在语感的培养、字词句的积累和对文章的把握上。因此，以下方法是渗透的重要选择。

（1）溯源汉字，破译文本。

汉字是中华文化的全息码，记载着中国数千年的中华文化的命脉。对汉字本身的溯源与寻绎，在某种意义上就是对中华民族独特文化的再现与演绎。在教学文言字词与细读文言文本时，我们不妨多一个文化视角，聚焦汉字，追根溯源，剖析联想，让汉字成为破译文本的密码。

（2）辨析近义项，提高学生对汉字的识记能力。

例如，同样是"看"，却有"顾""睹""望""睨"等不同词语和不同解释。教学中可对学生进行引导和启发，吸引学生的学习兴趣，让学生体味汉字的精确性、生动性、形象性，激发起他们对汉字的敬畏。

（3）注重文言文学习的总结和联系。

在文言文教学中，教师还应该使学生在学习完文言文之后注重总结和联系。总结的内容主要包括，学生学习完此篇文言文的感受，对作者所表达的情感的理解，对文言文的学习方法。而联系的主要内容主要就是学生应该将新学习的文言文知识与之前学习的文言文知识进行科学的联系，例如，联系一个作者的不同文章，以了解作者的文风、笔风，了解作者的创作背景等，进而促使学生对文言文的文化底蕴有一个较为深刻的了解。

（4）诵读文言文，感受古人精神气质。

文言之美，需要通过诵读来感受。"书读百遍，其义自见。"入选中学语文课本的文言文多是思想内容纯正的作品，尤其是那些要求背诵的篇目，更是精品中的精品。它们有的文词优美有的形象深远，意蕴丰厚；有的表达了古人对于理想的执着追求。浸润其中，涵泳体味，会使人在无形中受到熏陶、感染。读《论语》，学生懂得了"三人行，必有我师焉，择其善者而从之，其不善者而改之"，并把这作为鼓励自己求学的名言；诵读《孟子二章》"生，亦我所欲也。义，亦我所欲也，二者不可得兼，舍生而取义者也"，一股超越古今的浩然正气在心中升腾激荡。可以说，文言文拥有无法估量的教育潜能，因为其中熔铸着一个古老民族的魂魄。诵读能够让学生感受文言文中传递出的古人的精神气质。

8. 古诗教学切入点

于古诗复习备考而言，其一是帮助学生真正读懂一定数量的诗作。而读诗要先明诗家语，这诗家语本身就是文化。在高三备考复习中完全有必要紧扣"诗家语"来对古诗进行一番整理。

其二是运用间接关联的思路来开展古诗复习。详见前文，此略。

其三是从题材入手来解读古诗的方法，这是很多教师在高三都会做的事。

其四是古诗的比较阅读也是一种渗透优秀传统文化教育的重要途径。同一题材，同一对象，不同的作者所表达的思想感情是有区别的，这与诗人所处的时代、其本人的经历等密切相关，而不同时代的诗作必然是打上了时代的烙印，而烙印也就是文化。学界普遍认可的盛唐之音与晚唐气象的差别不就是一种文化么？

此外，归纳演绎、汇报交流、小组讨论等都是古诗复习中"渗透"优秀传统文化教育的可行途径。

9. 古文化常识教学切入点

古代文化常识的教学因2017年高考单独强调要加强考查，因此自然是高三备考复习的一个重点。

那么，如何复习呢？

（1）随文解读，帮助积累。

随文解说，逐一模块整理，有利于学生在学习中了解、积累古代文化常识，掌握历史人文的精华。如《孔雀东南飞》涉及鸡鸣、黄昏、人定等纪时名词；《迢迢牵牛星》中涉及星象、星宿等；《过秦论》中的"宇内、四海、八荒"和"六合""八州"等，都与"天下"意思一样，涉及古人对时间、空间、地理、方位等的认知。粤版教材中的《楚辞》《短歌行》《扬州慢》《项脊轩志》《过秦论》《师说》《赤壁赋》《与妻书》《谏太宗十思疏》《滕王阁序》《陈情表》《段太尉逸事状》……这些篇目的最后一个字都各自代表着一种古代文体格式，这也可以随文简介。每一模块教学结束后，让学生

对课堂笔记进行整理，这对学生学会积累知识有帮助。

（2）专题选修，延伸拓展。

专题讲座，是就某一传统文化专题进行深入探讨，能较系统完整地给学生介绍某一特定知识。可以在单元学习结束后进行专题小结，如"古代诗歌意象选择与人性关怀""古典哲理诗词名句赏析""古代诗词意向选择的文化意蕴""古典诗词言愁现象的探析""古代诗词抒情技巧谈""古诗文阅读思维与方法""中国古代名著传统文化思想与审美表现"等，帮助学生提升对古典作品的鉴赏能力。可以在高二年级开设关于节日文化的校本选修课。如节日文化是一个民族传统文化的重要组成部分，更是维系民族凝聚力的根本。开设"中国传统节日习俗与相关诗词鉴赏"校本选修课，承袭"节日灯谜"活动，开展制谜、猜谜活动；在"乞巧节"展现"女红"精巧技艺，让学生既获得传统节日习俗文化知识，拓宽视界，又提升古诗词鉴赏能力。同时，这也能扩充必修教材古诗词教学，为语文课本学习与课外传统文化教育找到一个契合点，这样的课程必然深受学生欢迎。

第二节　高中语文段落教学

段落教学曾受到不少教师的偏爱，但因偏离了阅读教学的本质遭到新课改的"抛弃"。按理来说，在这里，不应该拿出来讨论。

的确，在阅读教学中，尤其是在高中语文阅读教学中，我们一定要慎用段落教学，而应以快速阅读取代它。

但我们的教学又确实离不开段落，段落理解、写作能力也是一种很重要的能力；高中学生在这一方面也并不是不存在问题，再说，高考也有针对这一能力的直接或间接考查。这既是高中语文段落教学的原点，又是其归宿。

高中语文段落教学首先要与高考要求相结合，其结合就是纳入压缩、简明、连贯、得体等知识点的教学中。但这种教学也宜点到为止，做到能紧紧抓住学生常见的问题进行有针对性的归纳、讲解即可，毕竟，它重在运用。

高中语文段落教学最主要的是要与作文教学相结合，其结合点有记叙文中的具体描写段落和议论文的论证主体段落的训练。在具体操作上，不少教师都会围绕例段示范、习作训练、讲评总结（佳作展示）三步走。这里，笔者要强调的是，教学中要更多地关注不合格段落的改正，可以整合这些段落并结合上述语言运用考点设计成练习用于学生的更正训练，而更正训练中应该重视加强个别辅导。

高中语文段落教学可以作为快速阅读训练的起点。高中语文教学要推广快速阅读训练，以解决"少慢差废"等问题，但面对尚未进行过快速阅读训练的学生来说，一开始就进入篇章，可能会不适应，而不少的段落是小篇章，篇章则是大段落，这样，段落教学就给快速阅读训练提供了作为起点的必要性和可行性。当然，用于训练的段落的难度和长短，教师要根据学生实际进行精选，至于训练的时间长短也宜由教师灵活掌握。

附 录

附录一 《鸿门宴》教学设计

【教学目标】

（1）掌握《史记》一书的体例、别名、作者。

（2）掌握本课出现的词类活用、一词多义、通假字、古今异义字、特殊句式等。

（3）掌握翻译文言句子的一些方法，能准确概括文章的故事情节。

（4）了解作者运用个性化的语言和行动描写的方法刻画人物的特点。

【教学重点、难点】

（1）学习古汉语的常用词语和特殊句式。

（2）正确分析、认识项羽、刘邦两个集团中各个人物的性格特点。

（3）鸿门宴是楚汉战争的预兆。

（4）作者的英雄史观。

【课时安排】

2课时。

【教学过程】

第一课时

一、激趣导入

教师投影《垓下歌》《大风歌》，让学生说说作者是谁，作者什么时候写的，两位作者的命运为何不一样。

历史是何其残忍，让两个英雄生在了同一个乱世。公元前206年，这两个英雄在新丰鸿门（今陕西省临潼区东北）举行了一次特殊的宴会，史称"鸿门宴"。

那么，"鸿门宴"到底是怎样的一次宴会？项羽和刘邦又在宴会上显示了怎样的英雄本色？又是否可预示他们的命运呢？

请看《史记·项羽本纪》之《鸿门宴》。

二、作者、背景简介

（1）司马迁和《史记》。
（2）背景材料。

三、字词学习

（1）放录音或范读，让学生准确认读（学生听一遍录音，教师强调一些难字的读音）。
（2）重点实词掌握与积累。

请你查阅字典，了解"军""得""王""有""飨""兵"的义项并分析其本义与字形之间的关系。

示例：

军，会意字。金文字形，从车，从勹（读 bāo，包裹）。表示用车子打包围圈的意思。圜围也。四千人为军。

四、提要：梳理情节，整体感知

学生概述课文内容后，教师进行梳理。

五、互动设计

大家说，这是一场真正意义上的宴会吗？

第二课时

一、合作探究

1. 宴前：起因、发展（第 1~2 自然段）

课文第一段中，项羽接获曹无伤的密报，当即"大怒"，这一个"怒"字内涵相当丰富。请说说其中包含了些什么。

课文第二段写了哪几件事？对故事的发展有什么作用？

2. 宴中：高潮（第 3~4 自然段）

思考：鸿门宴上写了哪些精彩的情节？请简要归纳。

讨论 A：刘邦谢罪是否诚心，何以见得？

讨论 B："项庄舞剑"是鸿门宴上最精彩的情节，请思考这一事件给后人留下了哪一个成语？什么意思？

讨论 C："樊哙闯帐"是故事的高潮。课文从哪几方面刻画樊哙这一人物？写"樊哙闯帐"的目的是什么？是不是"喧宾夺主"？

讨论 D：有人认为樊哙在席上的讲话跟刘邦一模一样，"仅是语句上稍有变化而已"，对不对？如有区别，区别在哪里？为什么会有这样的区别？

3. 宴后：结局、尾声（第 5~7 自然段）

（1）刘邦脱逃之前做了哪些部署？为什么这样安排？

（2）张良献礼，项羽、范增二人态度分别怎样，为何不同？

（3）"巨鹿之战"是项羽成为西楚霸王的起点，他勇冠三军，摧毁秦军主力，成为众望所归、天下注目的英雄。

"垓下之围"写项羽四面楚歌，慷慨别姬，最后败亡，自知愧对江东父老，不肯渡乌江，自刎而死，凄怆悲壮，撼人心弦。

而"鸿门之宴"则是项羽由成功转向失败的关键，是人们公认司马迁《史记》中写得最好的内容，它正确展示了项羽由盛转衰。

请同学们研究一下，你从哪些地方看出了这些转化的趋势？看出了项羽悲剧的预兆？

（4）教师补充两个细节。

①从座次看人物。"项王、项伯东向坐。"

按古代礼仪，帝王与臣下相对时，帝王面南，臣下面北；宾主之间相对，则为宾东向，主西向；长幼之间相对，则长者东向，幼者西向。宴席的四面座位，以东向最尊，次为南向，再次为北向，西向侍坐。鸿门宴中"项王、项伯东向坐",是最上位,范增南向坐,是第二位,再次是刘邦,张良则为侍坐。从座位可看出双方力量悬殊与项羽的自高自大。

②成语"分一杯羹"的来源。

羽亦军广武,与汉相守。数月,楚军食少。项王患之,乃为高俎,置太公其上,告汉王曰:"今不急下,吾烹太公!"汉王曰:"吾与羽俱北面受命怀王,约为兄弟,吾翁即若翁;必欲烹而翁,幸分我一杯羹!"项王怒,欲杀之。

译文:(刘邦率军夺取成皋,接管西楚粮库敖仓,项羽获知后,回师荥阳)项羽在广武扎营,与汉军对峙。几个月后,西楚军队粮食供给越来越少。项羽很担心,于是做了大茶几,把刘邦的父亲放在上面,派人通知刘邦说:"如果不快点投降,我就烹杀你老爹!"刘邦回应说:"我曾经与你同时接受北边方位怀王的命令,我俩约为兄弟,我爹就是你爹;你如果真想烹杀我爹,请分给我一杯羹喝!"项王大怒,欲下令行刑。

评价:刘邦势力不足以战胜项羽,因为此时的刘邦还在贮备力量,所以对项羽的暴行只能忍气吞声,只不过刘邦的处理方法与众不同。

由此可见两人性格上的差异。

刘邦善于用人、善于应变、能言善辩;项羽则是沽名钓誉、轻敌自大、寡谋轻信、不善用人、刚愎自用、优柔寡断的一介武夫。

简要对比课文中除了刘邦和项羽之外的其他人物。

二、说说作者的英雄史观

请读过《项羽本纪》的同学结合巨鹿之战、鸿门宴、垓下之围、自刎乌江,简要分析一下作者的英雄史观。

作者的英雄史观:《项羽本纪》是一篇有史诗气魄的历史悲剧。司马迁只选取了几个场面,展示项羽的人格、才干、成功、失败。巨鹿之战体现了他的勇敢和决断;鸿门宴以传神笔触写出了项羽磊落的胸怀、张良机智的安排、刘邦圆滑的表演、樊哙忠勇的行为、范增失策的无奈;一出垓下之围,以悲壮的笔调叙说了英雄的末路:项羽高吟悲歌与爱姬挥泪决别,领壮士突围,大呼一声,将汉将吓得惊慌回奔数里;他伤神于江东子弟八千渡江无一人生还,断然驻马乌江岸边笑迎死神。他与蜂拥而上的追兵肉搏,令人难以置信地斩杀数百人,最终身受重创从容自刎。当然,文章对刘邦虽有贬抑,更多的却是颂扬,对项羽也颇多同情,尤其是把他作为一代帝王为之撰写

"本纪"，其英雄史观显而易见。当然，我们不应要求作者像今天这样具备历史唯物主义观点。

三、拓展延伸

1. 千秋功过世人说

后人对项羽的认识怎样？以下三首诗均从项羽的乌江自刎写起，但评价各异，试比较分析。

题乌江亭
杜牧

胜败兵家事不期，包羞忍耻是男儿。
江东子弟多才俊，卷土重来未可知。

乌江亭
王安石

百战疲劳壮士哀，中原一败势难回。
江东子弟今虽在，肯与君王卷土来？

咏项羽
李清照

生当作人杰，死亦为鬼雄。
至今思项羽，不肯过江东。

点拨：杜牧认为男儿应当能屈能伸，卷土重来。此观点可从"包羞忍耻""卷土重来"分析入手。王安石认为军民离心，败势难回。根据"壮士哀""势难回""肯与君王卷土来"等可分析出作者的意图。李清照认为，项羽气势豪壮，令人敬仰。因为《咏项羽》从开始至结束都洋溢着对英雄的赞美和敬仰。

人民解放军占领南京
毛泽东
1949年4月

钟山风雨起苍黄，百万雄师过大江。
虎踞龙盘今胜昔，天翻地覆慨而慷。
宜将剩勇追穷寇，不可沽名学霸王。
天若有情天亦老，人间正道是沧桑。

点拨：从诗中可以看出，毛泽东认为项羽在处理和刘邦的关系上犯了沽名钓誉的错误，最终落得自刎乌江的下场。这里毛泽东引用这段历史事实，意在号召中国共产党人和全军指战员利用占领南京以后的解放战争节节胜利的有利形势，将革命进行到底，彻底消灭蒋家王朝。

2. 千秋功过我来说（学生自由发言）

小结：《鸿门宴》是《史记》中极其精彩的一篇，"史圣"司马迁对这位失败了的英雄倾注了太多的感情，使其具有久远的人格魅力。可以说，巨鹿之战的辉煌胜利使项羽乐观地估计了战争的形势，丧失了应有的判断能力，也构成了他对战争的一种近乎盲目的自信和崇拜，铸就了他的悲剧性格。他的精神世界里唯一的支柱或许就是每次战斗赢得胜利。项羽不屑小计谋，他梦想用他所崇尚的武力去解决一切问题，最终，项羽用性格的笔为世人书写下了只属于他的人生篇章，算是一种对自己的薄奠。无论是独夫的刚愎自用还是英雄的顾盼无奈，无论是力能扛鼎拔山，还是乌江别姬自刎，光照至今的是夕阳般英雄末路的辉煌与悲壮。

附录二 《山中与裴秀才迪书》教学设计

【教学目标】

(1) 学生依据书信的文体特征，分析《山中与裴秀才迪书》的基本内容：写信双方的名字、关系、情感，书信的目的及内容。

(2) 学生通过《山中与裴秀才迪书》的写景分析，理解王维"文中有诗""文中有画"的创作风格。

(3) 理解作者景物描写中的"深趣"。

(4) 以书信为任务驱动，仿照本文写景抒情的手法，向朋友介绍校园的几处美景，邀请其到校园参观。

【教学重点、难点】

(1) 知人论世，了解与王维相关的一些经历，理解作者写景中寄寓的情感。

(2) 评价作者寄情山水，回归自然，借自然抚慰内心，甚至用自然的眼光看待人生，摒弃一切的身外物、烦心事，追求自然、本真和纯朴生活的态度。

【课时安排】

1课时。

【教学过程】

一、预习检测

(一) 正音（请关注加点字的读音）

近腊月下，景气和畅，故山殊可过。足下方温经，猥不敢相烦，辄（zhé）便往山中，憩感配寺，与山僧饭讫（qì）而去。

比涉玄灞（bà），清月映郭。夜登华子冈，辋（wǎng）水沦涟，与月上下。寒山远火，明灭林外。深巷寒犬，吠声如豹。村墟夜舂（chōng），复与疏钟相间（jiàn）。此时独坐，僮仆静默，多思曩（nǎng）昔，携手赋诗，步仄径，临清流也。

当待春中，草木蔓发，春山可望，轻鯈（tiáo）出水，白鸥矫翼，露湿青皋（gāo），麦陇朝雊（gòu），斯之不远，倘能从我游乎？非子天机清妙者，岂能以此不急之务相邀？然是中有深趣矣！无忽。因驮黄檗（bò）人往，不一，山中人王维白。

（二）了解一则文化常识

雊：gòu，形声。字从句（gōu），从隹，句亦声。"隹"指"雉"，即野鸡。"句"指"弯曲"。"句"与"隹"联合起来表示"野鸡弯曲脖子用力鸣叫"。本义：野鸡鸣叫。说明：商代有"雊鼎之雉"，即武丁时候有一只野鸡飞到鼎耳上站立鸣叫，令武丁恐惧。这是因为鼎身上所铸的图像即是凤鸟（文献所谓"飞廉"）。凤鸟代表祖先。凤鸟的活体被认为就是雉。雉的鸣叫表示祖先警告。所以武丁恐惧万分，以为自己做错了什么事。

隹，zhuī，〈名〉象形。甲骨文字形，象鸟形。《说文》："鸟之短尾之总名也。"与"鸟"同源。"隹"是汉字的一个部首，从"隹"的字与禽类有关。本义：短尾鸟的总名。

（三）词义（解释加点的词语）

近腊月下（末），景气和畅，故山殊可过。足下方温经，猥不敢相（表示动作偏指一方，相当于"你"，如实不相瞒）烦，辄（zhé）便（同义复用，"就"）往山中，憩感配寺，与山僧饭（名词活用为动词，"吃饭"）讫（qì）而去。

比涉玄灞（bà），清月映郭。夜登华子冈，辋（wǎng）水沦涟，与月上下。寒山远火，明灭林外。深巷寒犬，吠声如豹。村墟夜舂（chōng），复与疏钟相间（jiàn）。此时独坐，僮仆静默，多思曩（nǎng）昔，携手赋诗，步（散步）仄径，临清流也。

当待春中，草木蔓发，春山可望，轻鲦（tiáo）出水，白鸥矫翼，露湿青皋（gāo），麦陇朝雊（gòu），斯（这，指上文之景）之不远，倘（假使、如果）能从我游乎？非子天机清妙者，岂能以此不急之务相邀？然是中有深趣矣！无忽。因（趁）驮黄檗（bò）人往，不一，山中人王维白。

二、梳理书信内容（见附表1）

附表1　书信内容梳理

双方姓名：王维与裴迪

关系：挚友兼诗友

目的：从我游

内容		情感	中心思想
事	独游	无趣、孤寂	表达了对"山中"美景（也包含美好生活）的欣赏和对朋友的款款深情
	忆昔	怀念	
	相邀	热情期待	
景	冬景	深趣	
	春景		

三、赏析景、景中深趣

（一）课堂检测1

对本文的赏析恰当的一项是（　　）

A. 第1自然段"景气和畅，故山殊可过"是总领全文的句子，点出自己隐居的山村实在值得一游。下文都是围绕"殊可游"三字展开描述的。

B. 作者借短信描绘了自己晚年所居"辋川别业"周围的山水景物，实写了冬日的清丽和春天的明媚，语言质朴，文笔淡雅，达到了极高的艺术境界。

C. "草木蔓发，春山可望"以下六句，作者运用诗的语言，采用动静互为烘托的艺术技巧，描摹出一幅姹紫嫣红、山花烂漫的山村春色图，可谓是文中有画。

D. 第3自然段中，作者显示了他写信的意图。作者一再强调"是中有深趣"，对裴迪埋头"温经"直接地提出了尖锐的批评。

答案：A。

B项冬景是实写，春景是虚写。C项"姹紫嫣红、山花烂漫"不合文意。D项从侧面委婉地提出批评，有一定道理，但说直接地提出了尖锐的批评，则不合文意。

（二）赏景（见附表2）

附表2　赏景内容梳理

时令	主要景物	角度	技法	特点	画面	情感与深趣
冬	月、水	色、声	移步换景、从高到低	水光月色交融：朦胧、素净	清净、空灵、幽谧	闲适、恬淡。感受生命和谐的律动，追求质朴自然的生活
冬	火	色、声	明暗对比	空幻、灵动、凄清，但不死寂	清净、空灵、幽谧	闲适、恬淡。感受生命和谐的律动，追求质朴自然的生活
冬	犬吠、夜舂、疏钟	色、声	动静结合	宁静	清净、空灵、幽谧	闲适、恬淡。感受生命和谐的律动，追求质朴自然的生活
春	轻鲦、白鸥、青皋、朝雊	色、声	由远到近、由高到低、动静结合	洁白、素净、幽静，但不乏生机	清幽而有生机，心随自然律动	闲适、恬淡。感受生命和谐的律动，追求质朴自然的生活

（三）觅趣

（1）根据对景物的赏析，结合你对王维的了解，猜猜文中的"深趣"会是什么？把它写下来。

（2）结合以下两段文字，修正你的答案。

①王维早年在政治上得到张九龄赏识，擢为右拾遗。张九龄被贬后李林甫任中书令，朝政日非，王维曾在《寄荆州张丞相》中说："方将与农圃，艺植老丘园。"表示了归隐之意，于是过着半官半隐的生活。安史之乱后因被迫任伪职而遭贬谪，后虽逐渐升迁，但已无心于政治。他信奉佛理，思想日趋消极，一味追求心灵的空净。辋川蓝田别业的生活恬静安逸，给他的心灵带来极大的安慰。

②裴迪是"辋川别业"的常客，是王维寄情山水的同道。他们经常一起"浮舟往来，弹琴赋诗"，品尝山林隐逸生活的乐趣。但裴迪也有过"致身青云"的念头。这一年的腊月末，裴迪在自己家中温习经书，准备去应科举考试。王维居住在辋川别业颇有孤独之感，便写了这一封信给裴迪，约请他明年春天来这里与他同游。

点拨："深趣"的"趣"即是远离险恶官场，寄居山野所拥有的生活安闲舒适和心灵的淡泊宁静。显然，王维通过这封信希望裴迪不要丧失"天机清妙"，放弃隐居生活，对裴迪迷恋仕途的思想婉转地提出批评。

正因为如此，作者笔下冬夜的景色朦胧、空灵、素净，作者笔下的春景同样是洁白素净。这些都是作者追求心灵空净的反映，同时也借以反衬官场的污浊昏暗。

（四）课堂检测2

下列诗句中与本文情趣相合的三项是（　　）

A. 渭城朝雨浥轻尘，客舍青青柳色新。（王维《送元二使安西》）
B. 此中有真意，欲辨已忘言。（陶渊明《饮酒·其一》）
C. 我心素已闲，清川澹如此。（王维《青溪》）
D. 久在樊笼里，复得返自然。（陶渊明《归园田居》）
E. 猛志逸四海，骞翮思远翥。（陶渊明《杂诗·其五》）
F. 大漠孤烟直，长河落日圆。（王维《使至塞上》）
G. 且放白鹿青崖间，须行即骑访名山。（李白《梦游天姥吟留别》）
H. 情用赏为美，事昧竟谁辨？观此遗物虑，一悟得所遣。（谢灵运《从斤竹涧越岭溪行》）

答案：BCH。

解析：此题既要把握好文意，把握题中诗句的本意，还要了解王维其人。王维早年有大志，想在仕途上有所建树，中年以后才过着半仕半隐的生活，因此当排除A和F。他与陶渊明相似又不相似，陶渊明完全脱离官场，从事田园农耕，王维只不过是一个半隐半仕的贵族，与谢灵运相似。因此当排除DE，选H。李白是想学道成仙，没有过隐居的生活。

四、小结课文

王维在《山居秋暝》《过香积寺》《鸟鸣涧》《鹿柴》等诗中有许多脍炙人口的句子，如"明月松间照，清泉石上流""泉声咽危石，日色冷青松""月出惊山鸟，时鸣春涧中""空山不见人，但闻人语响"，写出了诗人追求人生宁静、闲适的境界。

王维的诗、文中常用"寒""空""清""冷"这些字，如本文的"清月""清流""清妙""寒犬""寒山"，营造出一种空灵凄清的意境，是作者静寂地与自然融为一体的境界，在一种寻觅大自然宁静逸趣的状态下，沉醉于大自然富有生机而又不受干扰的境界中，充满禅意。这正是其"晚年唯好静，万事不关心"的真实写照。

诗人信奉"禅"。禅宗比之道教是悲观的，是美好理想幻灭的产物，使人挣脱现实的樊笼，从有限走向无限，比较符合那个时代知识分子在现实社会中被挤压、难以自我主宰的感觉。与其百般挣扎屡遭磨难,不如游仙访道聊度人生。他们我行我素,或放浪形骸于天地之间,或传经布道于百姓之中,或寄情山水,或隐身于民间,与佛教人士有着或深或浅的交往,成为唐代士人的普遍倾向。

　　学者刘墉认为:"万事不关心,产生在万事都关心之后,如同'坐看云起时',总要在'行到水穷处'之后。前面的困顿、繁华、激情都看过了,哭了、笑了,笑中带了泪,悲极有了笑,突然,一切看开,感觉全麻木了。王维的'晚年唯好静,万事不关心',正是能把心放在中间,不偏、不倚,扩大充塞于天地之间。"你同意他的见解吗?

五、 课后作业

　　课文中两幅景物图,作者恰当选取一些景物,用了一些写景技巧,使景物描写有条不紊,表达自己的感情,营造出一种诗情画意。这种手法非常值得我们学习,无论对于写作还是写景诗歌的鉴赏,都大有裨益。学校正值招生季,请给初三毕业生写一封信,信中介绍校园几处美景,让他们能感受到其中的"深趣",激发起对学校的向往之情。

附录三 《拿来主义》教学设计

【教学目标】

(1) 知识与技能。

①了解杂文特点。

②掌握先破后立的论证方式及几种论证方法:因果论证、类比论证、对比论证、比喻论证。

(2) 过程与方法。

体会鲁迅杂文幽默犀利的语言特色以及讽刺、反语手法的运用。

(3) 情感态度价值观。

领会"拿来主义"的精神实质,明确对待文化遗产的正确态度——批判地继承,领会"拿来主义"的现实意义。

【教学重点、难点】

(1) 学习本文运用比喻进行论证说理的方法,学习因果论证的写作方法。

(2) 领会鲁迅杂文语言的特点。

(3) 领会"拿来主义"的精神实质。

【课时安排】

1 课时。

【教学过程】

一、 研读课文

1. 分析写作思路和课文结构层次

提问:作者要论说的是"拿来主义",为什么课文前半部分写"闭关主义"和"送去主义"?

2. 研读第一部分(弄清"送去主义"的实质与危害,体会幽默、讽刺的语言在批判错误观点时的表现力)

(1) 提问:第 1 自然段"别的且不说罢"一句有什么作用?作者列举了哪些事例来揭露国民党政府实行"送去主义"的媚外丑态?

明确:这一句把所要揭露、论述的范围加以严格的限制,只讲文化上的事。本文写于1934年6月4日,那时日本帝国主义的魔爪已经伸到了东北、华北,国民党政府推行卖国主义政策,变本加厉地出卖国家的领土、资源和主权,确实"成了什么都是'送去主义'了"。因此,用"别的且不说罢"的句子,不仅使论述的范围明确,而且增强了揭露的深刻性。

　　作者举了三个"送"的事例:"先送"一批古董到巴黎去展览,"不知后事如何",即有去无回,这是媚外的可耻行径;还有几位"大师"们捧几张古画和新画,在欧洲各国一路挂过去,"捧"何其郑重、恭敬,媚态可掬,几张画"一路挂过去",何其卖力,何其寒碜可笑,"发扬国光",反语,讽刺不以为耻,反以为荣;"还要送梅兰芳博士到苏联去,以催进'象征主义'……也可以算得显出一点进步了",用这种方式来显示一点进步,多么可怜,暗示"学艺"上的东西已经相当贫乏。作者讽刺批判的锋芒不是对着几位艺术家,而是指向卖国媚外的反动当局及其御用文人,字里行间充满着憎恶和鄙视。

　　(2)提问:一味奉行"送去主义"会产生什么严重后果及危害?

　　(3)提问:"抛来"和"抛给"有何区别?(注:对应前文的"体会语言的准确性")

　　明确:抛来指把无用的东西抛弃掉,或者无代价地送人或施舍,一般不怀有什么不良的动机或目的。抛给指有目的地、带恶意地输出。

　　(4)小结:作者把对待文化遗产的问题放在历史和现实的背景中加以考察,文章一开始便从"闭关主义"说起,进而揭露国民党政府在"学艺"上实行"送去主义"的种种媚外求荣、欺世惑众的事实,揭示"送去主义"必然使中国人民更加陷入被侵略、受奴役的悲惨境地。因此,"送去"之外,还得"拿来"。

　　3. 研读第二部分(理解"拿来主义"的主张,领会运用形象的比喻阐明抽象的深刻的道理的写作方法)

　　(1)提问:第5自然段中哪些词语含有讽刺意味?第6自然段的"送来"与"拿来"有何区别?第7自然段的"运用脑髓,放出眼光,自己来拿"怎么理解?

　　明确:"摩登"是针对上文"自从给枪炮打破了大门之后……成了什么都是'送去主义'了"而言的,把卖国媚外的行径说成"时髦",一味地"送去"说成"赶时髦",其讽刺意味是很浓烈的。"吝啬"是针对上文"丰富""大度"而言的,两者鲜明对照,对"送去主义"者进行讽刺鞭挞。

　　"送来"是帝国主义对我国进行的经济、军事、文化侵略、掠夺,是"抛给"的同义语;"拿来"是根据需要自己拿,二者本质不同,内容迥异。

　　运用脑髓指用脑筋独立思考,有主见;放出眼光指要看得清,有辨别

器知技，技立器，器养道：技、器、道三位一体语文教学

力；自己来拿指要有选择，自己拿。

(2) 提问：第8自然段批判了对待文化遗产的哪几种错误态度？第9自然段阐述了"拿来主义"者应采取怎样的态度和方法？运用比喻论证说明有什么作用？

4. 研读第三部分

提问：这一自然段共5句话，如果这5句话是5个问题的答案，那么应该是哪5个问题呢（"思考和练习"二）？

明确：①究竟应该怎样对待文化遗产？②对文化遗产应该怎样区别对待？③正确对待文化遗产有什么积极意义？④要处理好文化遗产我们必须具备哪些条件？⑤实行"拿来主义"的重要性、迫切性何在？

5. 总结全文，加深理解

(1) 提取要点，归纳中心。本文批判了国民党反动派的卖国主义政策和一些人对待文化遗产的错误态度，阐明了批判继承文化遗产的基本原理和方法，指出了正确的继承和借鉴乃是建设民族新文化的必不可少的条件。

鲁迅对文化遗产的见解，跟毛泽东同志"古为今用""洋为中用""排泄其糟粕，吸收其精华"的意见是一致的。时至今日，这篇文章仍然放射着思想光辉，值得我们认真学习和借鉴。

(2) 归纳写作特点。①先破后立，破立结合；②运用贴切的比喻阐明抽象、深奥的道理；③语言犀利、幽默。

二、拓展练习

用什么比喻什么？阐述了什么观点？

拿洗脸作比方，我们每天都要洗脸，许多人并且不止洗一次，洗完之后还要拿镜子照一照，要调查研究一番，（大笑）生怕有什么不妥当的地方。你们看，这是何等地有责任心呀！我们写文章，做演说，只要像洗脸这样负责，就差不多了。拿不出来的东西就不要拿出来。须知这是要去影响别人的思想和行动的啊！一个人偶然一天两天不洗脸，固然也不好，洗后脸上还留着一个两个黑点，固然也不雅观，但倒并没有什么大危险。写文章做演说就不同了，这是专为影响人的，我们的同志反而随随便便，这就叫做轻重倒置。——毛泽东《反对党八股》

(洗脸不止一次，还要检查验收。写文章做演说比洗脸更重要，它要"影响别人的思想和行动"。作者以认真负责的"洗脸"设喻，阐明写文章要认真修改推敲的道理，妙趣横生)

三、 拓展探究

今天是一个高度开放的时代，全球一体化、信息社会化，我们越来越感觉到，世界是如此广阔，中国正走向世界，世界也在瞩目中国。那么，作为一个青年人，在民族复兴的今天，我们该如何取舍？请大家联系现实谈谈今天我们是否需要拿来主义。

四、 课后练笔

学完《拿来主义》这篇文章，以《拿来主义》为范文，参考以下两篇"先破后立"结构的议论文，以"形象"为话题写一篇"先破后立"结构式的议论文，不少于850字。

例文一：2009年广东高考高分作文《别拿常识不当干粮》。
例文二：2005年上海高考满分作文《成长需要悉心的呵护》。

后　记

"十年磨一剑，霜刃未曾试。"如今，小册子最终落地，但不敢把示君。廿年积累，难免借鉴；日常之思，不避相似；学习专家，师出同门；同行实践，不乏雷同。小册子之所以能成，仅是"站在巨人的肩膀上"而已。

冰心说："修养的花儿在寂静中开过去了，成功的果子便要在光明里结实。"而梁启超说："成功大易，而获实丰于斯所期，浅人喜焉，而深识者方以为吊。"喜与？悲与？中途至此，前路尚远。将以有为，难冀获取。路漫漫其修远兮，吾将上下而求索。"人生在勤，勤则不匮。"仅自勉以习近平总书记的讲话："当老师，就要心无旁骛，甘守三尺讲台，'春蚕到死丝方尽，蜡炬成灰泪始干'。做研究，就要甘于寂寞，或是皓首穷经，或是扎根实验室，'板凳要坐十年冷，文章不写一句空'。"

单个的人是软弱无力的，能集众力则有望收获，一滴水只有放进大海里才永远不会干涸。回顾自己的教学历程，如果说，有所成长的话，固然有自己克己求为的因素，但更是与学生、同事、单位、上级教育行政部门的信任与支持密不可分，与学校、韶关学院、华南师范大学等组织开展的学习培训及相应指导教师的辛勤耕耘紧密相连。可以说，我不是一个真正能主动追求上进的人，却是一个可以努力完成任务的人。从备课组长、科组长到市骨干教师、名教师培养对象、市学科带头人到省骨干教师培养对象再到省第二批"高中文科类名教师"培养对象，我在每一次工作或培训中都力

◎后记

争"抓铁有痕",每一步都追求"踏石留印",而一次一次地向前走都是他人和集体所给予的馈赠和幸福。在此,一并表示由衷的谢意。

愚者所得,舛误必多。批评指正,悉听尊便。

刘水连
2018年3月